できた！ 楽しい！ もっと！

「3できメソッド」で
子ども&先生が輝く
保育のしかけ

松本くみ子 著

はじめに

　現代の日本人が1日に触れる情報量は、「平安時代の一生分」、「江戸時代の1年分」であるといわれています。押し寄せてくる情報の中から、正しい情報や必要な情報を選択しなければならないため、これからの時代を生きる子どもたちには、これまで以上に自ら考えて判断する力が必要とされるでしょう。子どもたちにとって、主体的に行動できることはとても重要なのです。

　主体的であるということは、自分の意思や判断によって行動できるということです。判断をするためには、必要な情報を事前に手に入れる必要があります。でも子どもたちの多くは、日々の生活の中で大人から十分な情報を得ることができていません。園生活においては、先生から伝えられる指示も大切な情報の一つです。たとえば、先生からの情報を聞きもらしてしまうと、園庭に行こうと主体的に行動していた子が「お茶飲んでからだよ」などと注意され、先生からその主体的な行動を止められてしまうことになってしまいます。

　聞きもらしが続き、先生から注意される体験を重ね、話を聞かないダメな子だと暗に言われ続ければ、子どもたちは自分で考えて行動することができなくなります。心理学では、このような状態を学習性無力感といいます。子どもたちには聞きもらしたという自覚がないので、「先生の話をちゃんと聞けばよかった」と反省できる可能性は低いでしょう。伝え方を工夫しない限り、先生は伝えた"つもり"、子どもたちは聞いた"つもり"、そんな状況が続いてしまい、子どもたちの主体性と豊かな心の育成が妨げられてしまいます。

＊

　私は「子どもたちとその支援者である先生を助けたい」との思いから、32歳で早稲田大学教育学部に学士入学しました。その後大学院に進学して臨床発達心理士と学校心理士の資格を取り、現在は公認心理師を取得して、都内の保育園や子ども園、小・中学校、高校、学童保育、特別支援学校を訪問し、子どもたちへの支援方法や深い学びに導くための授業方法のアドバイスを行っています。大学でも非常勤講師として教職課程の授業を担当しているので、日常的に0歳から22歳の多様な子どもたちや学生との関わりがあります。

　2018年に「3できメソッド」を発見して以降は、保育園からの相談件数が一気に増え、今では年に100日以上、約40園を訪問しています。各園を訪問した際、前述のような「先生は伝えた"つもり"、子どもたちは聞いた"つもり"」である"つもり"の場面によく出会います。"つもり"の場面が多いクラスでは、切り替えがうまくできずに集団活動になじめない子や、気に入らないことがあるとすぐに手や足が出てしまう子など、「気になる子」がたくさんいます。一方で、保育者が伝えた内容を子どもたちがしっかりと理解しているクラスでは、すべての子どもがいきいきと活動に参加しています。

　保育者と子どもの"つもり"の関係を解消して、子どもたちの真の主体性を引き出したい、そんな思いから、本書を出版し、一人でも多くの先生に「3できメソッド」をお届けした

いと考えました。

　「3できメソッド」とは、「分かってできる」「自分でできる」「選んでできる」の三つの「できる」を意図的に子どもたちにしかけ、主体性を引き出していく手法です。対象年齢を問わないので、保育園だけでなく小・中学校でも実践していただいています。そのため、子どもたちの学びの連続性という視点からも、現場に役立つメソッドであると確信しています。

＊

　本書では、「3できメソッド」の理論と実践方法を分かりやすくご紹介していきます。お忙しい現場の先生方が明日からそれぞれの立場で一人でも取り組めることを目指し、その手法や実践例について具体的に述べていきたいと思います。昨今話題になっている保育における不適切な関わりについても、私は「3できメソッド」を普段の保育に取り入れることで解消できると考えています。それは、「3できメソッド」を手に入れた先生方が、「毎日ヘトヘトだったけれど、保育を楽しめるようになりました」と言ってくださるからです。子どもたちが「分かってできる」ように伝え、「自分でできる」ように見守り、「選んでできる」ように工夫しつつその選んだ内容を尊重するという大人の姿勢が、そして、保育を心から楽しむ先生の笑顔が、子どもたちの人権を守ることに繋がっていくことでしょう。

　本書をきっかけに、虐待に代表されるような「負の連鎖」ではなく、お互いを尊重しあう「思いやりの連鎖」を起こしていきたい、そんな思いで執筆を進めました。本書を手にしてくださった先生一人ひとりが「3できメソッド」を実践してくださることで、一人でも多くの子どもが「分かった！できた！楽しい！もっと！」といきいきと園生活を送れることを願っています。

2023 年 5 月

松本くみ子

はじめに ‥‥‥‥‥‥‥‥‥‥‥‥‥‥‥‥‥‥‥‥‥‥‥‥‥ 3

序章　「生まれ変わったクラス」のヒミツをさぐる
「3できメソッド」の発見 ‥‥‥‥‥‥‥‥‥‥‥‥‥ 9

　1 「気になる子」ではなく、クラス全体に目を向ける ‥‥‥‥ 10
　2 「クラスが生まれ変わった！」「ひまわり組」のキセキ① ‥‥‥ 13
　3 子どもたちが輝くための三つの条件「ひまわり組」のキセキ② ‥‥ 15
　4 「3できメソッド」の完成！ ‥‥‥‥‥‥‥‥‥‥‥‥ 17
　5 「3できメソッド」の理論と手法 ‥‥‥‥‥‥‥‥‥‥ 19

第1章　保育環境のユニバーサルデザイン化とは ‥‥ 21

　1 「自己実現」を支援する ‥‥‥‥‥‥‥‥‥‥‥‥‥‥ 22
　2 保育の改善に不可欠なユニバーサルデザイン化の視点 ‥‥‥ 23
　3 小・中学校でも効果をあげている授業のユニバーサルデザイン化 ‥ 25

第2章　「3できメソッド」につながる保育環境の
ユニバーサルデザイン ‥‥‥‥‥‥‥‥‥‥‥‥‥ 27

　事例その1 「反省スルー子ども」のためのユニバーサルデザイン ‥ 28
　事例その2 「大人待ち子ども」のためのユニバーサルデザイン ‥‥ 30
　事例その3 「マイペース子ども」のためのユニバーサルデザイン ‥ 32
　事例その4 「注意大好き子ども」のためのユニバーサルデザイン ‥ 34

第3章　「3できメソッド」を実践しよう ‥‥‥‥‥‥ 37

　「3できメソッド」実践のその前に大切なこと ‥‥‥‥‥‥ 38
　1 「分かってできる」ためのしかけ ‥‥‥‥‥‥‥‥‥‥ 39
　　　「スケジュールボード」 ‥‥‥‥‥‥‥‥‥‥‥‥‥ 40
　　　「時間ツール」 ‥‥‥‥‥‥‥‥‥‥‥‥‥‥‥‥ 43
　　　「おにぎり顔イラスト」 ‥‥‥‥‥‥‥‥‥‥‥‥ 46
　2 「自分でできる」ためのしかけ ‥‥‥‥‥‥‥‥‥‥ 49
　　　「予約ボード」 ‥‥‥‥‥‥‥‥‥‥‥‥‥‥‥‥ 50

「できたねボード」 52

「おまかせボード」 55

「順番待ちフープ」 57

「体温チェックボード」 58

3「選んでできる」ためのしかけ 59

「宣言ボード」 60

「居場所ボード」 63

「週案ボード」 64

第4章 **実践例から学んでみよう** 65

乳児クラスのしかけと実践例 66

入室時のしかけ① 66

入室時のしかけ② 67

入室時のしかけ③ 69

給食時のしかけ 70

着替え時のしかけ① 71

着替え時のしかけ② 71

集団で遊ぶときのしかけ① 73

集団で遊ぶときのしかけ② 74

幼児クラスのしかけと実践例 75

主体的に過ごすためのしかけ① 75

主体的に過ごすためのしかけ② 76

主体的に過ごすためのしかけ③ 77

遊びや活動を発展させるためのしかけ① 78

遊びや活動を発展させるためのしかけ② 79

遊びや活動を発展させるためのしかけ③ 80

遊びや活動を発展させるためのしかけ④ 81

自分のことは自分でやるためのしかけ① 82

自分のことは自分でやるためのしかけ② 83

役割を果たすためのしかけ（キャリア教育） 84

自分と相手の気持ちを大切にするためのしかけ①　………………… 85

自分と相手の気持ちを大切にするためのしかけ②　………………… 86

自分と相手の気持ちを大切にするためのしかけ③　………………… 87

他クラスと連携するためのしかけ①　……………………………… 88

他クラスと連携するためのしかけ②　……………………………… 89

他クラスと連携するためのしかけ③　……………………………… 90

第5章　「3できメソッド」が大切にしていること
活用と工夫のためのこころがまえ　…………………………………… 91

1　徹底的に子どもを中心にすえた保育であること　………………… 92

2　大人がどう伝えたかではなく、子どもにどう伝わったかを重視する　…… 94

3　子どもたちが適切に判断できるように「環境」や「考え」を提供する　…… 96

4　子どもに選択させ、その内容を見える化して共有する　…………… 98

＊「3できメソッド」を取り入れた保育の成果＊　……………………… 100

あとがき　………………………………………………………………… 102

事例提供園について

序章

「生まれ変わったクラス」の ヒミツをさぐる

「3できメソッド」の発見

「気になる子」の行動の要因はその子自身ではなく、園内の環境にあるという視点が重要です。3か月で子どもたち全員がいきいきと主体的な活動をするようになったクラスの事例を通して、環境づくりについて考えていきます。

1 「気になる子」ではなく、 クラス全体に目を向ける

行動問題の原因は、環境の側に

　私は年に100日以上、発達障害のあるお子さんを対象とした巡回相談員として都内区立園を訪問しています。巡回相談の中で、こんな質問を受けることがあります。

　「全体で話を聞く場面で、発達障害のあるFくんは話を集中して聞くことができないのですが、何かいい方法はありませんか？」

　ところが、子どもたちが全体で話を聞く場面を観察してみると、ほかの子どもたちも集中できていないのです。**発達障害があるというだけでFくんだけに「集中しなさい」と伝えたり、支援や配慮をしたりというのは、私は差別だと感じます。**ですから、Fくん個人に対してではなく、クラス全体に対してアプローチをするようお願いしています。実は、それだけでFくんのようなお子さんの気になる行動は改善してしまうことがほとんどです。つまり、「気になる子」の多くは、クラスの環境が原因で行動問題を起こしているのです。このように、**行動問題の原因を環境に見出す考え方は、「社会モデル」と呼ばれています。**

集中したくてもついつい……。

　ある3歳児クラスの先生は、絵本を読み聞かせても子どもたちが集中して聞いてくれないと悩んでいました。そこで、読み聞かせの途中であっても、よそ見をしている一人ひとりに「座ってね」「お友だちに触らないよ」と声をかけていました。**子どもたち一人ひとりが意識して絵本に集中するべきだと個人モデルでとらえていたのです。**

　しかし、実際に読み聞かせの様子を見に行くと、子どもたち18人のうち7、8人が集中できていませんでした。同じような行動をとる子どもが5人以上いるときは、たいてい環境に問題があります。そこで、子どもたちと一緒に座り、先生の読み聞かせに参加してみたところ、あることに気づきました。

　床に座って先生が持つ絵本を見上げると、天井からつるされたゆらゆら揺れる飾りが視界に入ってくるのです。これでは絵本に集中したくても、視線を奪われてしまいます。

　その後、この飾りを外しただけで、子どもたちは絵本に集中できるようになりました。子どもたちが集中できなかった原因は、子どもたち（個人モデル）ではなく環境（社会モデル）にあったのです。

「社会モデル」と「個人モデル」

　「社会モデル」も「個人モデル」もどちらも重要な考え方ですが、園などの集団生活の中で支援を行う際は、まずは「社会モデル」で考えることをおすすめしています。初めか

ら、問題の原因が個人にあると「個人モデル」で考えてしまえば、前述のFくんのように、ほかにも同じ行動をする子がいるのにFくんだけが責められるという状況が起きてしまうからです。でも残念ながら「個人モデル」が主流になっているのが、保育現場の現状です。

「個人モデル」を理解するために、2012年にアメリカの大学教授によってSNSに投稿され、世界中で話題になったイラストを再現して説明します（下図参照）。

平等（Equality）と公平（Equity）を表したイラストです。背の高さの違う3人が塀の向こうで行われている野球を見るために、三つの踏み台が用意されています。

平等に一人に一つずつ踏み台を分けた場合と、公平に見物できるように背の高さに合わせて踏み台を分けた場合の様子が描かれています。

「個人モデル」で子どもの姿をとらえてしまう背景には、子どもたちに平等（Equality）であろうとする「先生主体」の考え方があります。平等（Equality）であるためには、先生が全員に対して同じ説明をする（同じ踏み台を渡す）必要があります。個別に追加で情報を伝えると不平等になってしまうため、先生の説明を聞きもらすことがないよう、子どもたちが話を聞く努力をすべきであるという結論になります（個人モデル）。

一方、「子ども主体」で考え、全員が公平（Equity）に情報を受け取ることを重視すれば、聞きもらした子に追加で情報を伝える（背の高さに合わせた踏み台を渡す）必要が出てきます。この場合は先生が伝え方を工夫すべきという結論になります（社会モデル）。

Equality

Equity

「社会モデル」を実践するための「3できメソッド」

　冒頭でお伝えした通り、私は、まずは「社会モデル」で考え、個人が責められてしまう可能性をできる限りなくすべきだと考えています。とはいえ、20人30人といる子どもたち一人ひとりに説明していたのでは時間がいくらあっても足りません。そこで、できるだけ多くの子どもが同じ情報を得られる説明の仕方を考えていくことになります。その方法がこれから紹介する「3できメソッド」なのです。

　実際、巡回相談の際にお伝えして、クラス全体へのアプローチを改善していただくことで、気になる子の行動問題があまり気にならなくなるケースが9割に上っています。まずは環境を改善し、クラスのほとんどの子が必要な情報を得られるようになったうえで、それでも情報を得られない一部の子どもたちへの支援を個別に考えることが重要です。

　なによりも大切なのは、必要な時に誰でも支援を受けられることです。障害があるから、診断名がついているから支援をするということではありません。困ったら誰でも助けてもらえる。それが当たり前になって初めて公平（Equity）な保育といえるのです。

　「気になる子」が増えているといわれていますが、保育環境が子どもたちの気になる行動を引き起こしていないか、本書を定期的な見直しのきっかけにしていただけたらと思います。

みなさん、これからよろしくね

2 「クラスが生まれ変わった！」
「ひまわり組」のキセキ ①

「気になる子」がたくさんいるクラスで

　その日訪問した5歳児クラス「ひまわり組」も、クラス全体へのアプローチが必要な
クラスでした。朝の会が始まる時間になってからトイレに行き始める子どもたちと、それ
をただなんとなく待つ子どもたち。その後もメリハリなく、なんとなく活動が進んでいき
ます。先生が指示を出しても、焦らずゆっくり取り組む子。聞き逃したのか、聞いたけれ
ど分からなかったのか、まったく違うことをしている子。そんな「気になる子」がたくさ
んいるクラスでした。

　私は、全体的な保育のアドバイスとして、子どもたちが時間を意識して過ごせるよう、「見
通し」を視覚的に伝える方法や、年長児が自ら考え、望ましい行動を選んで修正していく
ためのしかけとして、一人ひとりの思いを確認して子どもたちにフィードバックする方法
などについてお話しし、第1回目の巡回相談を終えました。

自分で決めてどんどん進む

　3か月後、再び「ひまわり組」を訪問すると、全員がいきいきと毎日を全力で楽しんで
いる、そんなクラスに生まれ変わっていました。朝の会の内容から1日の予定まで、自分
たちで決めてどんどん進めていきます。5歳児にこんなことができるのかと、本当にびっ
くりしました。

　朝の会の時間が近づくと、大人の働きかけがなくても、子どもたちは声をかけ合ってか
たづけを始めます。日直さんが朝の会を始めると、全員が身を乗り出して参加しています。
朝の会が終わり、運動遊びが始まると、跳び箱をする子、縄跳びをする子、鉄棒をする子、
とにかく全員がずっと体を動かしています。そして、疲れた人から休憩を取り、また活動
に戻っていきます。

　全員が見通しをもって、目的を理解して主体的に参加している、そう感じました。大人
が指示を出す声は、一切聞こえてきません。子どもたち自身が予定を決めているので、大
人の指示や声かけなどは、まったく必要ないのです。

仲間として子どもの思いを聞き取る

　たった3か月で、なぜ、「ひまわり組」はこんなにも変わったのでしょうか。もちろん、
乳児クラスから3歳児クラス、4歳児クラスと積み上げてきたことの成果もあったとは
思います。でも、一番大きな理由は、担任のお二人が先生として指示を出すのではなく、「ひ
まわり組」の仲間として子どもたちの思いをしっかりと聞き取り、一人ひとりの考えを実

現できるようサポートしていったことでした。

　たとえば、毎年恒例の焼きいも大会の準備では、収穫したサツマイモをどうするか、先生たちは子どもたちに問いかけました。すると子どもたちは、ひとしきり形くらべを楽しんだ後、焼きいもごっこを始めました。先生と一緒に、「アツ！アツ！」とサツマイモを渡しては食べるしぐさをして「おいしい」とにっこりしているうちに、「いつも散歩のときに亀を見せてくれる『亀おじさん』にもサツマイモあげたいな」とつぶやく子が現れました。担任はすかさずその声を拾い、「いつ渡そうか」「渡すときなんて言う？」「お手紙とか書く？」などと質問をしながら思いを聞き出していき、全員の意見がまとまったところで、園長先生の許可を取り、子どもたちの考えた計画を実行したそうです。

友だちの力を借りて成功体験を

　こうしてやりたいことを遊びの中でイメージしながら聞き取ってもらった体験を重ねてきたことで、子どもたちは自分が何をやりたいのか、自分の思いや考えに目を向けるようになっていきました。そして、**自分たちのやりたいことが必ず実現する体験を重ねてきたことで自信がつき、意思決定できるようになっていきました。**やりたいと思っても、自分の力だけでは実現できないことがあります。そんなとき、先生方は友だちの力を借りて成功させていく経験を子どもたちに積ませていきました。

　たとえばプールの時間、水に顔をつけることが怖かった子どもたちには、友だちから見本を見せてもらったり、「大丈夫だよ」「できるよ」と励ましてもらったりと、友だちから勇気をもらえるよう仕向けました。すると、顔をつけられるようになった友だちが拍手をしてもらうのを見て、自分も拍手してもらいたいとがんばり始め、最終日までに全員が顔を水につけられるようになりました。

　こうした先生方の工夫の甲斐あって、1日の予定を自分たちで決めて、自分たちで力を合わせて運営していくクラスへと「ひまわり組」は成長していったのです。

3 子どもたちが輝くための三つの条件
「ひまわり組」のキセキ ②

もっと考えながら生活できるはず

　私は、今でこそ0歳から18歳までを対象とした巡回相談員をしていますが、もともとは小・中学校のみを訪問していました。2014年から保育園の訪問を始め、同時に特別支援学校（知的障害）の訪問も開始しました。

　そこで驚いたのは、ある特別支援学校の小学部1年生が、「絵カード」や先生の話を手がかりに今何をすべきかを理解し、自分で考えながらいきいきと学校生活を送っていたことでした。知的障害がある子どもたちは、記憶することや計画することが苦手なことが多いものです。そのため、適切な手立てを行わなければ、言われたことをやるだけで、自分で考えて行動する機会が少なくなる傾向があるのです。

　一方、保育園の多くの年長児は、なんとなく行動し、それが先生方の考えと異なっていれば叱られるという生活をしているように見えました。以来、私は**伝え方さえ適切であれば、園児はもっと自分で考えながら生活できるはず**だと考えるようになりました。

　特に、就学を控えた年長児を観察するときは、私の見た特別支援学校の小学部1年生のように、クラスの子ども全員が目を輝かせ、自分で考えながら集団生活を満喫している姿をイメージすることにしています。そして、現状の姿とのギャップの原因をアセスメント（評価）し、必要な手立てを提案することを心がけています。

用意されていた三つの条件

　「ひまわり組」の子どもたちがいきいきと過ごす様子は、私が常にイメージしていた年長児の姿そのものでした。そこで、私は、「ひまわり組」の子どもたちと他のクラスの子どもたちとの違いを探るため、ひたすら観察をしました。そしてあることに気づきました。「ひまわり組」の子どもたちは、状況やルールをとてもよく**「分かって」**おり、そのうえで**「自分で」**判断して活動を**「選んで」**いたのです。その日の予定を決めるために、朝の会が始まる前に日直さんが「今日運動会の練習する？」などと、先生に確認するのですが、セリフや確認する内容については特に決められていません。

　子どもたち**一人ひとりが日直の仕事が何かを理解できているので（分かってできる）、何を確認すべきか自分で判断をして先生に聞きに行くことができているのです（自分でで**

分かってできる	自分でできる	選んでできる

きる・選んでできる）。つまり、「ひまわり組」には、**「分かってできる」「自分でできる」「選んでできる」**という三つの条件が、子どもたちのために用意されていたのです。のちに**「3できメソッド」**と名づけることになる三つの条件を発見した瞬間でした。

行動を修正するための働きかけ

　先生方は、初回の巡回相談のときに私が話した「見通しを視覚的に伝える方法」や、「年長児が自ら考え、行動を修正していくためのしかけ」を実践してくださっていたのです。見通しについては、その日の活動内容に加えてルールや開始時間などをメモやイラストを使用して子どもたちに伝えていました。

　１日の見通しがもてるからこそ、日直さんは確認すべき事項が分かって先生に質問できていたのです。そんな子どもたちの姿を見て、私は「分かって」できているから、先生に言われなくても「自分で」できるのだなと考えました。そして、先生方がこうしなさいと具体的な指示をするのではなく、**情報を視覚的に提供するからこそ、子どもたちは自分で判断して行動することができる（選んでできる）**のだと感じました。

　以上が、私が巡回相談の中で先生方にお伝えしてきた子どもたちへの支援方法が、「分かってできる」「自分でできる」「選んでできる」の「三つのできる」を使って説明可能であると確信した経緯です。

きょうは、
すべり台であそびます

4 「3できメソッド」の完成!

よく聞いて、自分で考えて、どんどんやってみる

　子どもたちがいきいきと輝いているクラスには、「分かってできる」「自分でできる」「選んでできる」の「三つのできる」が用意されていることが、「ひまわり組」の取り組みから確認できました。

　以来、5年間で約50か所の現場を訪問、1500通り以上の保育実践を観察して、各現場に合った具体的な実践方法をご提案してきました。ときには、先生方の方からこんな方法でやってみましたと、ご報告いただくこともありました（これらのしかけや実践方法については、第3章と第4章でご紹介していきます）。

　そして、実践された先生方からは、**「子どもたちの遊びの幅が広がった」「遊びを見つけられない子がいなくなった」「子どもたちが主体的に行動し、園生活を楽しめていてうれしい」** など、様々な効果が報告されるようになりました。また，園長先生からも **「先生たちが楽しみながら保育を工夫してくれています」** といった言葉をいただいています。

　よく聞いて自分で考えてどんどんやってみる、そんな子どもたちに変わることが確認できたので、「分かってできる」「自分でできる」「選んでできる」の三つの「できる」を子どもたちにしかけていくこの実践方法に名前をつけたいと考えるようになりました。そして、それを「3できメソッド」と名づけました。

「3できメソッド」のしくみ

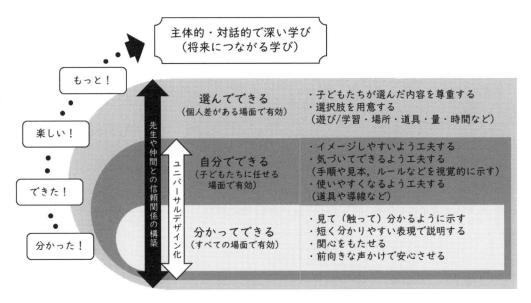

「3できメソッド」は、学級を安心安全な集団に導く

　また、小・中学校でも、児童生徒がいきいきと学んでいるクラスでは、必ず「3できメソッド」が実践されていることに気づきました。たとえば、私が巡回相談員として訪問している東京都内のT中学校では、授業の冒頭で先生がパワーポイントを使ってその日学ぶテーマについて解説し（分かってできる）、生徒らは2名から4名の小集団で話し合いながら学びを深めていました（自分でできる）。さらに各自の意見を学級全体で共有し、生徒らは良いと思った意見を取り込みながら自分の言葉でまとめを書いていました（選んでできる）。「3できメソッド」は、保幼小連携にも役立つ手法だと確信しました。

　「分かってできる」と「自分でできる」は、保育環境のユニバーサルデザイン化の作業であるといえます。「選んでできる」に関しては、子どもたちが判断して意思表示をする機会を用意し、主体性を引き出すきっかけを与える作業です。また、**自分が選んだものを尊重してもらえる体験を通して、仲間や先生との信頼関係が構築されていく過程**でもあります（前頁図参照）。

　つまり**「3できメソッド」を用いることによって、学級を子どもたちにとっての安心安全な集団に整え、主体的に行動する土台をつくることができる**のです。

　一方で、この土台づくりを行っていないクラスでは、どんなに面白い遊びや活動を用意しても、遊びこめなかったり、トラブルが起きたりします。

5 「3できメソッド」の理論と手法

選択肢を用意

　「3できメソッド」に最初に取り組むときは、「選んでできる」からスタートすることをおすすめしています。「分かってできる」と「自分でできる」は、子どもたちの実態をよく観察して改善していく必要があるので、少しだけ高度な経験と知識が必要です。でも、「選んでできる」に関しては、子どもたちに折り紙を配るときに色や枚数を選ばせる、みんなで近隣の公園に遊びに行くときにどの公園に行きたいか選ばせるなど、選択肢を用意するだけなので、先生方にとって取り組みやすいと思います。

自分で判断をして選ぶことが重要

　「選んでできる」をしかけるときは、どんな選択肢があるかをすべての子どもたちが「分かって」いること、選択肢の中から「自分で」判断をして選べることが重要です。選択肢を言葉で伝えるだけでは、選択肢のすべてを覚えていられない子が出てしまいます。選択肢を目で見て選べるようにホワイトボードなどを活用して提示し、全員が公平に「分かって」選べるようにサポートしましょう。

　もし、選ぶ際に子どもたちが「自分で」判断できずに迷っている場合は、一人ひとりに対して何で迷っているのかを聞き取り、考えを一緒に整理していきます。

　ここでは、私が教育現場における様々な課題、またその解決の事例にふれることによって見出すことができた「3できメソッド」のあらましを紹介しました。

　次章では、「3できメソッド」につながる保育環境のユニバーサルデザイン化について、皆さんの現場ですぐに役立てられるような具体的な事例を踏まえて、解説をしていきます。

何色がいい？

第1章

保育環境の
ユニバーサルデザイン化とは

子どもたちの「自己実現」を支援するためには、園内環境の「ユニバーサルデザイン化」が必須となります。物的環境に加え、人的環境である先生や子どもたちの行動に関する配慮もユニバーサルデザインに欠かせない要素となります。

1 「自己実現」を支援する

子どもたちの「成長欲求」を生み出す「3できメソッド」

　私たち大人の願いは、子どもたちが自分の能力を最大限に発揮して創造的活動に取り組むことです。それはつまり、園内の人間関係の中において、マズローの欲求階層説（下図参照）にある「自己実現の欲求」にたどり着くことであるといえます。

　「3できメソッド」では、「マズローの欲求階層説」の②安全の欲求、③所属の欲求、④承認の欲求を満たしていきます。

　まず、1日の流れや活動の目的などを「分かってできる」こと、本人の発達段階にあった活動を「自分でできる」こと、「選んだ」内容を尊重してもらえることで、安心できる環境で暮らしたいという②安全の欲求が満たされます。

　すると、子どもたちに③所属の欲求がめばえるので、他者と関わりたいという気持ちをもって友だちと遊ぶことができるようになります。遊びの幅や交友関係を「自分で」広げていくことができるようになることで、さらにクラスへの所属意識が強まり、③所属欲求が満たされていきます。

　また、「3できメソッド」のしかけによって、「選んでできる」体験と選んだものを認めてもらえる体験を重ねることで、子どもたちには自分の意見をもち、それを伝える力がついていきます。「3できメソッド」の様々なしかけや言葉を使って自分の意見を発信できるようになることで、先生や友だちから価値ある存在と認められていると感じられるようになり、④承認の欲求が満たされていきます。

　つまり**「3できメソッド」を日常の保育の様々な場面に取り入れることで、子どもたちの中に成長欲求（⑤自己実現の欲求）がわき上がってくる**のです。

図　マズローの欲求階層説

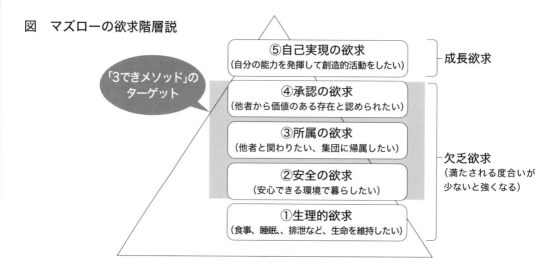

2 保育の改善に不可欠な ユニバーサルデザイン化の視点

すべての子どもにとって快適な環境を

子どもたちが「分かってできる」「自分でできる」ためには、保育環境のユニバーサルデザイン化がカギとなります。保育の各場面が、**すべての子どもたちにとって快適な環境になるよう、保育環境の物的環境と人的環境の二つの側面を、ユニバーサルデザイン化の視点から見直していきましょう。**

物的環境を見直すと聞くと、多くの方は保育室の物の配置を安全に遊びこめる状態にすることや、遊具や教材を充実させることを思い浮かべるのではないでしょうか。それもとても大事なことですが、これらに加えてユニバーサルデザインの視点から物的環境を見直すことで、子どもたちの達成感や満足感がより高まっていきます。

たとえば、部屋の壁から壁へとロープを張り、そこに子どもたちの作品を部屋を横断させるように飾ったり、壁にカレンダーや絵をたくさん掲示すれば、先生の話を聞くときに、それらが視界に入ってしまい、先生の話に集中できません。また、切りにくいハサミを使うとうまく切れないので子どもたちにハサミを使いたいという気持ちがわいてきません。

私たち大人は、ハサミが切りにくいと感じたときは、切れる角度を探したり、別のハサミに変えたりしますが、それは、よく切れるハサミを使った経験があるからこそできる行動です。子どもたちが主体的に活動できるよう、行動しやすい物的環境を整えてあげましょう。

子どもたちの注意が様々なものに…

先生や子どもたちも「環境」であるととらえる

　では、人的環境はどうでしょうか。**人的環境に該当するのは、先生や友だち**です。**読み聞かせのときの先生の立ち位置や全体に話すときの話し方などは、子どもたちへの影響が大きい人的環境の一つ**です。

　たとえば、読み手の背景に絵本より目立つものがあれば、子どもたちの目はそちらに奪われてしまい、集中できません。一見絵本に集中できている子どもたちも、背景の目立つものを見ないようにするという負荷がかかっています。

　絵本の読み聞かせでは、先生がシンプルな壁の前に立つだけで、子どもたちの集中力がグッと高まります。また、先生が全体に話をするときは、短い文章で、分かりやすく話すことが大切です。ただし、どれだけ工夫をしていても先生が話をしているときに、おかたづけや着替えなど、他のことをしている子たちがいれば、今何をする時間なのかが分かりにくくなります。

　人的環境である周りの友だちの行動も、子どもたちにとっての分かりやすい環境の実現に欠かせない要素なのです。

壁の掲示物はなくすか、またはカーテンなどで隠す

3 小・中学校でも効果をあげている授業の ユニバーサルデザイン化

小中学校で進められている「分かって」「自分で」できるための ユニバーサルデザイン化

　文部科学省が 2022 年に発表した調査結果では、全国の公立小・中学校の通常の学級に在籍する発達障害の可能性のある児童生徒は、8.8%でした。**1 学級に 3 人は特別な教育的支援を必要とする子どもたちがいること**になります。このような背景もあってか、近年、「分かって」「自分で」できるために不可欠な、**授業のユニバーサルデザイン化に取り組んでいる小・中学校が増えています。**

　たとえば、私が校内研究講師として関係している東京都中野区立南中野中学校では、生徒が黒板に集中しやすいように、掲示物などを黒板と同系色の深緑色の布で覆っています。さらに、各授業の「目標（ねらい、めあて、ゴールなど）」や授業の「流れ」など、授業の見通しをもつために必要な情報が黒板に記されています。

　ほかにも、特に発達差が大きい小学校低学年では、子どもたちの実態に合わせて 3 種類の板書を用意している学校があります。黒板をそのまま写せる子には板書をそのまま書き写すよう指示し、黒板の内容をノートにどのように写すのかを知りたい子のために、黒板横のモニターに板書内容が書かれた見本ノートを映し出し、さらには遠くのものを書き写すのが難しい児童のために、見本ノートのコピーを手渡します。多様な子どもたちが、それぞれに合った方法で板書をノートにうつすことができるための工夫です。

視覚支援を意識したユニバーサルデザイン化を

　ユニバーサルデザインというと単に「段差を取り外す」といったような対応になりがちですが、大事なのは**多様な子どもたちが自分に合った方法で学びと向き合うことができる仕組みです。**授業のユニバーサルデザイン化に取り組むことで、クラス全員がいきいきと授業に参加することができます。

　小・中学校での授業のユニバーサルデザイン化は、目で見て分かるようにする視覚支援がカギとなっています。それに比べて保育園や幼稚園の現状では、言葉だけで伝えられていることが多いように思います。小学校入学に向けて、話を聞ける子に育てたいという思いから、視覚支援を減らすケースもあるようです。しかし、聞いて理解した内容を目で見て確認ができることで、私たちは聞いた内容が合っていると確信がもてるのです。確信がもてる，そして、話を聞いて理解ができるから、先生の話をきちんと聞くようになります。小学校で話が聞けることを目指すからこそ、保育に視覚支援を意識したユニバーサルデザインを取り入れていきたいですね。

第2章

「3できメソッド」につながる 保育環境の ユニバーサルデザイン

子どもたちの個性は様々。五つの代表的な子どものタイプに応じた保育環境の「ユニバーサルデザイン」の事例について、「3できメソッド」につながる視点で紹介していきます。

事例 その1

何度注意しても同じトラブルを繰り返す
「反省スルー子ども」のための ユニバーサルデザイン

何度注意しても同じことを繰り返す「反省スルー子ども」の場合、大人側も同じ注意を何度も繰り返すことになるため、負のループに陥ってしまいます。

場面　鉄棒を使った室内運動遊び

　鉄棒遊びは、子どもたちの能力差が大きいだけでなく、精神面の影響を受けやすい運動遊びです。恐怖心から固まってしまう子もいれば、途中で手を放してしまう子もいます。そのため大人が一人ついて、じっくり教えていく必要があります。

事例　年長児25名のクラスです。A先生が一人ひとりに丁寧に鉄棒を教えていると、前後に並んでいた二人がふざけ始めました。B先生は二人の間に並び、二人が関わりあえないようにしました。ところが、だんだんと他の子たちも騒がしくなってきました。

　大声で笑いあっている子たち、前後でつつきあっている子たち、そんな緊張感のない雰囲気に影響されて勝手に列を外れて動き出す子たち。

　目の前の子の指導に集中できなくなったA先生は何度も指導を中断して、全体に対して待っている人は黙って見ているよう注意しました。それでも最後まで、ざわざわした雰囲気はなくなりませんでした。

隠れた問題点 !!

25人全員が20秒ずつ鉄棒を体験すると、最後の子に順番が回ってくるのは8分後です。なかには1分以上かかる子もいるでしょうから、25番目の子の待ち時間が、10分以上になることもあります。鉄棒のために確保されている時間が20分だとすると、一人の子が鉄棒を握ることができるのは2回のみ、合計1分程度です。これでは、からだをコントロールする力を育てるとか、できない遊びができるようになる喜びを感じるといった、鉄棒遊びの本来のねらいは達成できません。

必要な視点 **子どもたちが、見通しをもてる人数で行う**

　鉄棒遊び本来の効果を最大限引き出すためにも、待ち時間を減らす工夫が不可欠です。まずは、鉄棒に取り組む人数を3〜5人にします。これくらいの人数であれば、子どもたちはどれぐらい待てば良いのか、見通しをもつことができます。見通しをもつことで子どもたちは、自分の番が来るまで、集中を維持することができます。

3できメソッドの
視点

見通しをもてることで「分かってできる」「自分でできる」が育つ

毎日のことなのに、大人から言わなければやらない

「**大人待ち子ども**」のための
ユニバーサルデザイン

自分のことは自分でできるようになってほしい。そんな先生方の思いをよそに、大人が声をかけてくれるのをただ待っている子どもたちが、必ずクラスに何人かいるものです。

場面	着替え

　園では、所持品の始末や身じたくなどの活動を通して、子どもたちは生活に必要なスキルを身につけていきます。なかには、一人で着替えられるのに、大人が一緒でなければ着替えようとしない子どもたちがいます。

事 例
　　年少児クラス（23名）です。このクラスには、着替えが遊びになってしまい、時間がかかってしまう子どもが二人います。他の子がいると着替えに集中できないと考えた先生は、大半の子の着替えが終わって着替えスペースが空いたタイミングで「お着替えしましょう」と二人に声をかけることにしました。

　ところが、着替え終わっていないのが自分たちだけになったとしても、あるいは、給食をのせたワゴンが来て他の子どもたちが席に着くのを見たとしても、二人は着替えを急ごうとしません。結局最後は先生がついて、二人の着替えを手伝うことになっていました。

はやく
お着替えしましょう！

隠れた問題点

この事例は、子どもの視点から考える必要があります。先生から見れば、「お着替えしよう」と声をかければ、他の子どもたちは自ら着替え始めるので、それが当たり前と感じられていることでしょう。でも、この二人にとっては、「お着替えしよう」と先生に誘われてから、しばらくたつと先生に着替えを手伝ってもらえるという体験を毎日重ねているのです。先生と一緒に着替えるものだと思い込んでいるのだとしたら、急いで自分で着替えるようになるはずがありませんよね。

必要な視点 伝えたい内容が正しく伝わるように工夫する

　「お着替えしよう」という言葉の意味が「すぐに自分で着替える」ことであると、子どもたちに分かるように言葉と態度で伝えていく必要があります。つまり、大切なのは着替えに誘ったらすぐに着替えることを体験させることです。

　大人が手伝ってスムーズに着替える体験を積ませたり、「どっちがはやいかな」と二人の間でお着替え競争をさせたり、「先生が用事を済ませるのと二人の着替えどちらが早いかな」と競ったり、できる手立ては複数あります。

お着替えするの、
どっちがはやいかな？

3できメソッドの 視点

今すぐ取り組んでほしいことが伝わるように声かけや支援を行っていくことで「分かってできる」「自分でできる」が育つ

事例 その3 「みんな待ってるよ」と伝えても急がない
「マイペース子ども」のための ユニバーサルデザイン

次の活動に誘っても知らんぷりな「マイペース子ども」。あの手この手で誘っても来てくれない。先に集まっている子どもたちが待ちくたびれて、収拾がつかない事態になることも。

場面 │ **全体の集まり**

　集団生活では、遊びを止めてかたづけをし、「朝の会」などの全体での集まりに参加しなければならない場面があります。そこで問題になるのが、切り替えができない子どもたちへの対応です。なかでも、「みんな待ってるよ」と伝えても一向に急ぐ気配のない「マイペース子ども」は、友だちから反感を買う可能性も高く、先生を日々悩ませることになります。

事例　　年中児クラスの朝の会は 10 時スタートを予定していますが、いつも遅れて始まります。10 時になってからトイレに行き始める子や、おもちゃを出しすぎたのか、かたづけが終わらない子どもたちがいるからです。

　なかには、「先行ってるね」とか「みんな待ってるよ」と言われても焦ったり、急いだりすることなく、いつまでも遊び続ける子もいます。

　できるだけ子どもたちを注意したくないとの思いから、全員がそろうのを待つ以外に手立てがなく、このままで良いのかと先生は悩んでいました。

隠れた問題点！！

「マイペース子ども」は、遅れてもみんなが待っていてくれるという体験を重ねています。つまり、本人の中では間に合っているので、自分がみんなを待たせて迷惑をかけているという意識がありません。そのため、「みんな待ってるよ」という言葉の裏にある「急いでね」という先生からのメッセージは受け取りにくいのです。

必要な視点　急ぐ練習ではなく、間に合った体験を積ませる

　「早くしなくちゃ」と思ってもらうために、遅れていることに気づかせる必要があります。そのためには、まず、子どもたち全員が時間通りに朝の会を始められることが大事です。言葉だけで「10時から」と伝えているのであれば、時計を見せながら伝えたり、子どもたちがもうすぐ時間だと分かるための工夫が必要です。ただし、この方法だけでは、「マイペース子ども」は、みんなと同じように集まることができません。「間に合わない」習慣から脱出できるよう、朝の会に「間に合う」体験、つまり成功体験を重ねさせる必要があります。

間に合って良かったね！

3できメソッドの視点

成功体験を積むことで、適切な行動が身につくようになり、「分かってできる」「自分でできる」が育つ

事例
その
4

注意ばかりでクラスがギスギスした雰囲気に
「注意大好き子ども」のための
ユニバーサルデザイン

お友だちの間違いやうっかり行動をどんどん注意していく「注意大好き子ども」は、注意の連鎖を生んでしまい、クラス全体の雰囲気を悪くしてしまうことがあります。

場面 　ルールを守らない子をまわりの子が注意する

　ルールを守らない子に対して、まわりの子どもたちが指摘をして解決できるクラスがあります。このような場面は、ルールを理解できるようになった、思いを言葉で伝えられるようになったなど、子どもたちの成長として好意的にとらえられる傾向があります。でも、注意の度が過ぎるといじめに発展したり、クラスの雰囲気が悪化したりと悪影響となる可能性が生じます。

事例
　年長児クラスです。合奏練習や絵本の読み聞かせ、朝のお集まりなど、全員で集まって活動する場面で集中できず、すぐに立ち歩いたり、椅子からずり落ちたり、お友だちを触ったりしてしまうYちゃん。「Yちゃん、きちんとお椅子に座ってね」「Yちゃん、先生お話しするよ」と先生は、Yちゃんが少しでも集中して、活動を楽しめるように、こまめに声をかけるようにしていました。気がつくと、場面場面で子どもたちが「Yちゃん、静かにするんだよ」と注意をし、さらにそれに対して別の子が「うるさいよ！」と注意をする、注意の連鎖が起きるようになっていました。

隠れた問題点

誰かが子どもたちの注意のターゲットになったときは、大人のそれまでの発言に問題がなかったか、ふり返る必要があります。本事例の場合は、先生が全員の前で、「Yちゃん、きちんとお椅子に座ってね」などとYちゃんの名前を呼びながら注意したことが原因の可能性があります。

必要な視点 大人の行動が子どもたちに影響することを意識する

「注意大好き子ども」がいるクラスには、「自分が」いつ先生から注意されるか分からないという状況に置かれているという共通点があります。先生からの指示や注意が多いクラス、つまり、先生の話が長くて分かりにくいために、子どもたちが適切な行動をとれず、結果的に指示や注意が多くなっているクラスに多い現象です。

そのようなクラスに先生に何度も注意される子がいると、その子のことは自分たちも注意していいと、子どもたちは無意識のうちに考えてしまいます。仮に名前を呼ばないとしても、子どもたちの人権を守るため、全員の前で個人を注意する行為は控えるようにしましょう。

3できメソッドの視点

見て分かるように伝えることで、先生が注意することがなくなり、安心安全に過ごせるクラスになるから「分かってできる」「自分でできる」が育つ。

第3章

「3できメソッド」を
実践しよう

「分かってできる」「自分でできる」「選んでできる」…「3でき
メソッド」を保育に取り入れる際の「しかけ」を紹介します。ど
れもすぐに実践できるツールばかりです。気になる「しかけ」が
あったら、明日からすぐに取り入れてみてください。

「3できメソッド」実践の
その前に大切なこと

基本は「分かってできる」こと

　「3できメソッド」は、これまで述べてきた「分かってできる」「自分でできる」「選んでできる」——これら「三つのできる」を、子どもたちに意図的にしかけていく手法です。こうお伝えすると、たとえば、「選んでできる」に関しては「指示に従ってもらわないと困る場面もあるから、常に選ばせるというのは難しいです」と心配される先生がいらっしゃいます。実は、これら「三つのできる」は、「選んでできる」をしかける場面以外では常にすべてがそろう必要はないのです。

　たとえば、避難訓練は選べない活動の一つです。放送で避難指示を出す際、サイレンが鳴ったり、いつもと違う雰囲気の放送にしたり、緊張感をもって避難訓練に取り組むための工夫をされていると思います。これらは、緊急事態であることが「分かってできる」ための工夫です。どんな活動であっても、最低限「分かってできる」ことが大切です。

「自分でできる」と「分かってできる」はセットで

　避難訓練の場合はさらに、「お・か・し・も」（おさない・かけない・しゃべらない・もどらない）のように、覚えやすい標語が用意されています。これは、子どもたちが望ましい行動を「自分でできる」ための工夫です。「自分でできる」ためには、「分かってできる」、つまり、避難訓練での望ましい行動が何かを分かっていなければなりません。そのため、「自分でできる」と「分かってできる」は常にセットでしかけていきます。

　常に、「分かってできる」ように伝え、ところどころ「自分でできる」しかけを用意する。そして、できれば1日1回は、「選んでできる」場面をしかけると、子どもたちはワクワクと関心をもって過ごすことができます。そして、自分の選んだ内容を尊重してもらえる体験を重ねることで、子どもたちは自信をつけていくとともにそのクラス（所属集団）の中に安心・安全な居場所を確保することができるのです。

「気づき」はすべてに含まれる

　また、三つの「できる」にはそれぞれに「気づいてできる」が含まれています。「分かる」から気づくことができる、気づくから「自分で」できたり「選んで」できたりします。「自分で」「選んで」できたから気づく、ということもあるでしょう。

　「気づく」という言葉は、保育所保育指針と幼稚園教育要領の両方で頻出する動詞の一つです。共起解析を行うと指針と要領の双方において「生活」という名詞とともに「気づく」が表示されます。このことからも、就学前の子どもたちにとって、生活の様々な場面で「気づいてできる」ことが重要であることが分かります。

1 「分かってできる」ためのしかけ

「分かってできる」ための方法とその効果

　主体的に行動するためには、目的やルールなどの見通しをもてることが重要です。たとえば、ビニール袋に丸めた新聞紙を詰めるように先生から指示があったとします。これが「パンケーキ」を作ると分かっていれば、子どもたちは平たい円盤型になるように新聞紙を詰めていくでしょう。でも、何を作るか分かっていなければ、まん丸のボール型にして詰めてしまうかもしれません。先生から、「では、まん丸をつぶして円盤型にします」と言われても、ただ言われるがままに作業をすることになります。そこには思考も判断も主体性もありません。

＊

　ビニール袋と新聞紙を使ってパンケーキを作ると分かっているからこそ、どうやってパンケーキの形にしようかと考えることができます。さらに完成形をイメージすることでそれがヒント（気づき）となり、トッピングのフルーツや生クリームを何を使って表現するかといったアイデアにつながっていくのです。

　「分かってできる」ことは、子どもたちが主体的に行動するために必要不可欠な要素なのです。「分かる」からこそ、子どもたち自身が気づいて取り組むことにつながります。でも、多くの場合、子どもたちはよく分からないまま、ただ指示に従っているだけになっています。ぜひ一度、日々の生活をふり返り、子どもたちがよく分かっていない場面がなかったかを考えてみてください。そして言葉だけで伝えるのではなく、実物や写真など、「見て分かるもの」を用意して説明するように心がけてください。

スケジュールボード

学校では必ず時間割が示されていますが、園では1日の流れが示されていることは少ないように思います。掲示されていたとしても、毎日同じ内容のまま貼りっぱなしになっている場合もあります。実は、1日の流れを子どもたちが「分かってできる」ことは、園生活を主体的に過ごすうえで最も重要な要素の一つなのです。

朝の会を実施している場合は、朝の会の中でスケジュールボードを使って、今日の流れを確認します。確認した後は、いつでも見ることができる場所に掲示しておきます。朝の会を実施していない場合も、登園時に確認できるように「情報コーナー」を設けて掲示しておきましょう。

人は分かっていることでも、見て、確認することで安心できます。同じ絵本を何度も繰り返し読んでもらうのが大好きな子どもたちは、大人以上に分かっていることを確認したい気持ちが強いのです。子どもたちが毎日の流れを分かっているように見えたとしても、1日の流れを掲示してあげることで、子どもたちはより安心して過ごすことができます。

効果をあげるための工夫

その日保育に入る先生や担任の出勤時刻を書いておくと子どもたちは安心できます。

スケジュールは、番号、イラスト（写真）、文字の順に書きます。子どもたちは文字よりもイラストを見ます。イラストが文字の後にくると、どれを何番目にやるのかが分かりにくくなってしまいます。

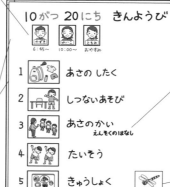

子どもたちと約束した内容はスケジュールの中に書き込んでいきます。たとえば、「朝の会で遠足についてお話しするね」と約束をしたら、「あさのかい」のところに「えんそくのはなし」と書き込み、必ず実現させます。

早退する子がいるときは、その子のマークを帰宅予定時刻のあたりに貼っておきます。

「気づき」につなげるためのポイント

　初めは、子どもたちの目の前で写真を貼ったり文字を書いたりしながらスケジュールを埋めていきましょう。子どもたちは「何を書くのだろう」と、思わず先生の手元を注視します。子どもたちの視線を集めることができれば、話の内容が確実に子どもたちに伝わるようになります。

　場面の切り替えが苦手な子が複数名いる3歳児クラスでは、「スケジュールボード」を見せながら1日の流れや活動の手順を説明したうえで、いつでも確認できるように掲示した結果、先生が何度も声をかけなくても、クラス全体が自分たちで気づいて次の予定に進めるようになりました。

用意するモノ

● ホワイトボード（100円ショップで購入可）
● 活動の内容が分かるイラストや写真
● 磁石（100円ショップで購入可）
● ホワイトボード用の水性ペン

事前準備と注意すること

1）イラストまたは写真のウラに磁石を貼っておく
2）スケジュールを示すときは、左から番号、イラスト（写真）、文字の順に書く
3）右端には、追加で予定を書き込んだり、子どもたちのマークを貼ることができるスペースを空けておく

「スケジュールボード」◎「分かってできる」ためのアレンジ例

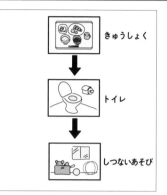

〈ポイントをしぼる〉

　1日の全体の流れのほかに、今からやることの手順だけを示す方法もあります。たとえば、「給食の後」、「トイレに行き」、「室内遊びをして」過ごすといった場合には、三つのイラストを提示して、子どもたちと確認します。全体で話を聞くのが難しい子には、全体で話す前に「寝る前に何をやるというでしょう？　先生のお話を聞いておいてね」とクイズを出しておきます。先生が何を話すのか見通しをもったうえで話を聞くことができるため、話を聞いて「分かる」体験につなげることができます。

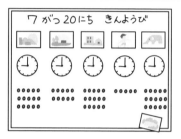

〈時計のイラストを加える〉

　4、5歳児クラスでは、時計のイラストも追加することで、時間を意識して行動することができるようになっていきます。また、事前に時間が分かっていることで、子どもたちが、活動を切り替えやすくなります。

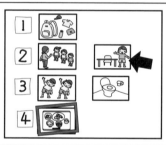

〈「今はどこか」を示す〉

　マグネットで作った矢印や赤い枠を動かして、今どれをやっているか分かることも大切です。

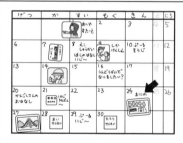

〈週間予定や月間予定を添える〉

　4、5歳児クラスでは、情報コーナーを設けて、スケジュールボードの横に1週間の予定や1か月のカレンダーを並べて掲示することで、子どもたちがその週の主な活動を分かってできるようになります。

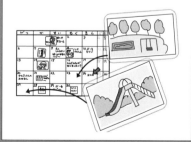

〈行き先の写真を添える〉

　散歩で公園に行く場合は、どの公園に行くのかが分かるような写真を用いることで、行き先を勘違いすることなく、全員が「分かって」散歩に出かけることができます。

時間ツール

子どもたちが時計の読み方を習うのは、小学1年生の後半になってからです。だからといって、園での集団生活の中で、時間を無視して過ごすわけにはいきません。1日の流れに沿って、子どもたちが「分かって」1日を過ごしていくためにも、開始時間や終了時間を子どもたちと共有する必要があります。

ねらい

子どもの目線で壁の時計を見たときに、蛍光灯が反射して数字が全く見えないということがあります。子どもにとって見やすいこと、分かりやすいことが重要です。

壁の時計の位置を低くしたり、数字が分からない子のために、色やイラストのシールを貼ったりするだけでも、子どもたちにとってグッと分かりやすくなります。

「3になったら」「赤になったら」と言葉で伝えるだけでは、聞きもらしてしまう子がいたり、忘れてしまう子がいます。後から見て確認できるように、伝えた時間を併せて掲示する工夫も必要です。

効果をあげるための工夫

時計のまわりに12色の丸型に切った折り紙を貼ります。5歳児の場合は何分かが分かるように数字を記入しておきます。「長い針が3」なら分かる子、「長い針が赤」なら分かる子、「15分」が分かる子、色々な段階の子に対して伝えるための工夫が必要です。
何分が何色かは、各クラスや事務所などで共通にしておくと、子どもにも大人にも分かりやすくて便利です。

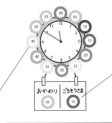

「時間ツール」に、次の指示が何時なのかを書いたボードを下げることで、指示が何だったかを忘れてしまっても子どもたちが「自分で」確認することができます。梱包用のひもを時計ツールをかけているフックにひっかけ、ひもの先に洗濯ばさみをつけてホワイトボードを止めます。

「時間ツール」の近くに時計の絵を描いた「スケジュールボード」を掲示することで、子どもたちは実際の針の位置と見比べることができます。先生が指定した時間になったかどうかを、子どもたちが自分で判断することができます。

「気づき」につなげるためのポイント

　直前の予定によって、給食の開始時間が前後することがあります。すると、それに合わせてごちそうさまの時間やおかわりができる最終時刻を変更せざるを得ません。そんなときは、時計と同じ色を掲示してごちそうさまやおかわり受付の最終時刻を伝えると、子どもたちにとって分かりやすいです。

　掲示された色と時計を確認することで、先生にイチイチ聞かなくてもおかわりができるかどうか、子どもたち自身が気づいて判断することができます。先生にとっても、子どもから「おかわり」と言われて「もうおかわりできる時間は過ぎています」と断わらなければいけない状況から解放されます。

用意するモノ

● 折り紙 12 色
● 白い紙
● 黒のサインペン
● ホワイトボード（A4 くらいのもの）

事前準備と注意すること

1）折り紙 12 色をそれぞれ直径 6 ～ 7 センチの丸型に切る
2）白い紙を直径 4 ～ 5 センチの丸型に切り、12 枚用意する
3）2）を 1）の折り紙の中央に貼る
4）数字を書き込む
5）1）～ 4）でつくったものを時計の周りにテープで貼る

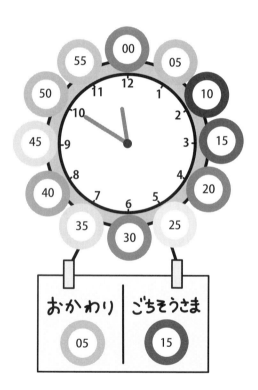

「時間ツール」◎「分かってできる」ためのアレンジ例

〈タイムタイマーとの併用〉
　時間の概念がまだ獲得できていない乳幼児期の子どもたちは、時間の長さを見える化してあげることで、終わりの時間を理解することができます。

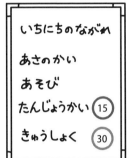

〈「スケジュールボード」との併用〉
　始まりの時間を「スケジュールボード」に書きこみ、「時間ツール」の近くに設置します。

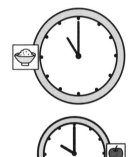

〈時計を「スケジュールボード」の代わりにしてみる〉
　年齢が小さい場合は、時計自体を「スケジュールボード」の代わりに使うことも有効です。左の図の例では、長い針が9になったら給食が始まることが分かります

「リンゴになったら誕生会が始まるよ」と伝えて、その時間（15分）にリンゴの絵を貼る方法もあります。

事務所の時計にも同じように色紙を貼っておく

　まだ時間の概念が獲得できていない子どもたちに時間を伝えるために、どのような方法がベストなのかは、子どもたちの理解度を考慮して決めると良いでしょう。

　ヘルプに入っている先生方も、時間ツールを確認することで、見通しをもって保育に入ることができます。3・4・5歳児クラスは、どの部屋で過ごしても「3は赤」というように全クラス共通にすることで、子どもたちにとって分かりやすく使いやすいものになります。また、事務所の時計も同じ配色にしておくことで、子どもたちと先生の事務所でのやり取りがスムーズになります。

おにぎり顔イラスト

おにぎり顔で気持ちを伝え合おう！

友だちが怒っていると思っている子に、「ホントは悲しかったんだって」と言葉で伝えても、伝わりにくいものです。悲しいはずがないと思っている場合もあれば、自分が先生に注意されていると感じてしまい、伝えている内容が頭に入ってこない場合もあります。相手の感情をイラストを見て「分かる」ことで、素直に相手の気持ちを受け止めることができます。

ねらい

おにぎり顔イラストは、もともとは特別支援学校高等部の生徒の感情を把握する際に用意したものです。小・中学校や保育園でも使ってみたところ、子どもたちに「おにぎりくん」、「おにぎりちゃん」などと呼ばれ、かわいがられるようになりました。リアルな人間の顔に近いと、自分の気持ちを当てはめにくくなるようで「おにぎり顔」のキャラクターは、自分の気持ちを投影しやすいようです。

効果をあげるための工夫

顔の横に番号が振ってあります。子どもたちは番号で覚えてしまうので、顔と番号は常に一致させています。

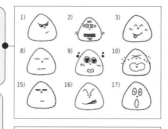

おにぎり顔イラストには言葉をつけていません。たとえば、22番の顔は「疲れた」「暑い」「辛い」など、様々な状態を表すことができます。子どもたちが直感的に自分の状態や感情をとらえるためには、言葉はつけないほうが良いと考えています。

年齢に合わせて、切り抜いて「おにぎり顔カード」にして顔の数を減らして使います。カードを部屋に置いておくだけで、口論になったときなど、子どもたちが自分で持ってきて気持ちを伝え合えるようになります。

〈「ふわふわことば」「ちくちくことば」選び〉

主に、4、5、歳児クラスの子どもに向けて行います。「ふわふわした気持ちになるのはどんな言葉？」「ちくちくした気持ちになるのはどんな言葉？」と聞いて、それぞれ子どもから出された言葉をポストイットに書いてボードに貼ります。

「この言葉を言われるとどんな気持ちになる？」と聞いて、おにぎり顔イラストを選んでもらい、ボードに貼っていきます。

おにぎりスピーチ

「気づき」につなげるためのポイント

　「おにぎり顔イラスト」から①顔を選び、②なぜその顔になったかを伝える「おにぎりスピーチ」を行ってみましょう。子どもたちから豊かなエピソードを聞きだすことができます。

　泣き顔を選んでお母さんに怒られた話をする子、怒った顔を選んで兄弟げんかの話をする子など、様々です。がんばったことやうれしかったことだけでなく、ネガティブな気持ちも伝えても大丈夫という経験は、嫌な気持ちを隠さずだれかに相談できる力につながっていきます。また、友だちも自分と同じように色々な気持ちになると気づくことで、共感力も育っていきます。

用意するモノ

● 「おにぎり顔イラスト」は 101 頁に収載の QR コードよりダウンロードができます。
● 「おにぎりスピーチ」に使うホワイトボード A,B 2 枚
　（それぞれタテ 14 センチ × ヨコ 14 センチくらい）
● マグネットシート（100 円ショップで購入可）

事前準備と注意すること

1）「おにぎり顔イラスト」を 1 枚ずつ印刷して厚紙に貼るか、ラミネート加工して「おにぎり顔カード」をつくる
2）「おにぎり顔カード」のウラにマグネットシートを貼っておく
3）「おにぎり顔カード」を子どもたちが選びやすいようにホワイトボードＡに貼る
4）子どもたちがスピーチをするときには、ホワイトボードＡから選んだおにぎり顔をホワイトボードＢに貼り、それをみんなに見せながらスピーチをします

「おにぎり顔イラスト」◎「分かってできる」ためのアサーション

　アサーションとは、自分も相手も大切にしつつ言いたいことをきちんと伝えられること、つまり上手に自己主張できることを目指すトレーニング方法です。

　自己主張には次の三つの形態があります。①自分よりも相手を優先してしまい言いたいことが言えない非主張的な言い方、②相手に強く言いすぎてしまう攻撃的な言い方、③自分の意見も言いつつ、相手の意見も尊重するアサーティブな言い方、の三つです。子どもたちには、それぞれ①「おどおどさん」②「おこりんぼさん」③「さわやかさん」などと伝えておきましょう。

自分の顔　　　相手の顔

①　おどおどさん

②　おこりんぼさん

③　さわやかさん

（ 101 頁収載の QR コードから画像がダウンロードできます。）

　たとえば、友だちが読んでいる本を貸してほしいときに①「貸して」が言えなくて我慢してしまうのがおどおどさん。②「ちょっと貸せよ！」と奪い取るのはおこりんぼさん。③「読み終わったら貸してね」と優しく言えるのがさわやかさん……、こういった説明を、ロールプレイなどして見せながら話をしたうえで、「全員がさわやかさんで過ごしたいね」と子どもたちと話し合っておきます。

　すると、ケンカが起きても「二人のお顔はさわやかさんですか？」と聞くだけで、お互いに顔を見合って「違う」と言うことができます。「では、さわやかさんでお願いします」と伝えれば、さわやかさんになるためにあの手この手を考えて、子どもたちだけで解決に向かうことができます。

2 「自分でできる」ためのしかけ

「自分でできる」ための方法とその効果

　自分で判断して行動できる場面や自分で気づいて行動できる場面が多ければ多いほど、子どもたちは主体的に行動するようになります。一方、先生の指示通りに動くだけの生活をしていると、子どもたちはどんどん受け身になってしまいます。

　製作活動や着替えのときにこんなやり取りを耳にします。

　子ども「先生これであってる？」先生「あってるよ」

　このやり取りでは、自分の行動が正しいという理由が「先生が正しいと言ったから」になってしまいます。つまり、子どもたちは、それが正解であると自分で判断できていません。先生に「あっている」と言われて製作物を完成させるのと、自分で「あっている」と判断して完成させるのとでは、どちらが達成感を得られるでしょうか。

＊

　子どもたちは、確信をもって「自分でできる」ことで、飛躍的に成長します。それまであいまいだった色々なことが、霧が晴れてはっきりする、そんな姿が見られます。

　「自分でできる」ためには、「分かってできる」ことが重要です。正しいのならば、なぜ正しいのかその理由を伝えて一緒に確認してあげましょう。そうすることで、子どもたちは「自分で」判断して取り組むことができるようになります。

予約ボード

子どもたちに手を挙げさせて、先生が指名した子が前に出て発表するスタイルをとると、話したい内容を忘れてしまったり、言葉に詰まってしまうことがあります。

発表活動の運営を子どもたちが「自分でできる」ようなしかけを用意して任せることで、子どもが主体となって発表の場を活性化することができます。

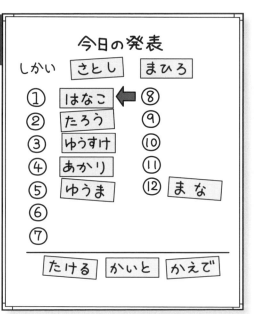

ねらい

「予約ボード」は、司会進行役のための式次第（アジェンダ）の役割を担います。事前に発表したい子は順番の数字のとなりに、司会進行をやりたい子は赤い矢印のマグネットのとなりに自分の名前のマグネットを貼ります。

発表活動は、司会進行役の合図で始めます。「司会進行役の〇〇です」と伝えてもらってから始めるのも良いでしょう。ただし、司会進行役がどんなセリフを言うかは大人が指定するのではなく、子どもたちに任せます。

司会進行役は、赤い矢印を番号順に順番に動かして次の発表者がだれなのかをみんなに分かるように示します。矢印を動かしたら、ボードをみんなに見せます。それが次の発表者が前に出てくる合図になります。

司会進行役は、役目を終えて自分が発表したくなったら、発表者になってかまいません。

効果をあげるための工夫

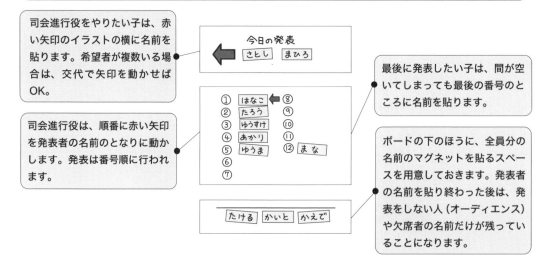

司会進行役をやりたい子は、赤い矢印のイラストの横に名前を貼ります。希望者が複数いる場合は、交代で矢印を動かせばOK。

司会進行役は、順番に赤い矢印を発表者の名前のとなりに動かします。発表は番号順に行われます。

最後に発表したい子は、間が空いてしまっても最後の番号のところに名前を貼ります。

ボードの下のほうに、全員分の名前のマグネットを貼るスペースを用意しておきます。発表者の名前を貼り終わった後は、発表をしない人（オーディエンス）や欠席者の名前だけが残っていることになります。

「気づき」につなげるためのポイント

　ある保育園の 5 歳児クラスでは、4 歳児クラスの初めから「予約ボード」を使って、子どもたちが自分たちだけで司会進行する「発表広場」を毎朝実施しています。回を重ねるごとに、複数名のチームで発表したり、先生のマグネットも用意して先生も発表に参加したりと発表方法が進化していきました。

　「予約ボード」があることで、司会者は次に何をすべきか、発表者は自分の出番に気づくことができます。また、司会者が予約ボードを掲げて次の発表者を見せることで、子どもたちは毎回顔を上げてボードに注目しなければなりません。そのことが主体的な参加につながります。

用意するモノ

●クラスの人数分の数字を書いた直径 1 〜 1.5 センチのマグネットシート
●クラスの子どもたち一人ひとりの名前やマークが書かれたマグネットシート
●赤い矢印が描かれたマグネット
●ホワイトボード（A4 大）
●黒の水性ペン

事前準備と注意すること

1）ホワイトボードに番号のマグネットを貼る
2）赤い矢印のマグネットを番号①の上部に貼り、司会進行役の子の名前を貼る場所とする
3）ホワイトボードの下部に全員の名前が書かれたマグネットを貼る

できたねボード

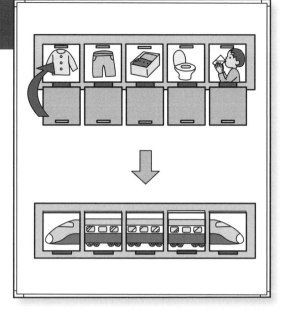

園の生活では身じたくなど、一連の作業を子どもたちが自分でやらなければいけない場面があります。しかし、分かりやすく手順書を用意してもやる気が起きず、なかなか取り組むことができない子どもたちもいます。「できたねボード」は子どもたちが「自分で」やりたくなる要素にあふれたしかけです。

ねらい

「できたねボード」には、作業の手順を順番に記します。一つ終わるごとに、「できたね」と確認しながらフタを閉じると、自分たちで描いたイラストや子どもたちが好きなイラストが出てきます。イラストを出したい！イラストの全体をそろえたい！という気持ちが、子どもたちの行動を引き出します。特定の子だけではなく、クラス全員が自由に使えるルールにしておくことをおすすめします。

先生から見たら、手順がすでに身についていて、「できたねボード」を確認しなくてもできてしまう子も、「できたねボード」を使っても良いルールにしておきましょう。

「使いたい人がいつでも使っていい」というルールは、子どもたちに安心感をもたらし、支援が必要な子に対して抱きがちな「ズルい」という気持ちの消失につながります。

効果をあげるための工夫

左から右へと手順を示します。
3歳児クラスでも、七つくらいまでは大人がつかなくても一人でこなすことができます。

マグネット

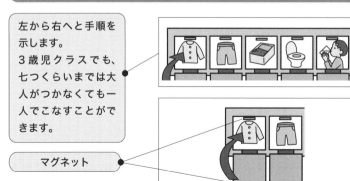

一つひとつの手順に対して1枚のフタを用意します。Tシャツを着替えたらフタを閉じる、次にズボンを履き替えたらフタを閉じるという感じで進めていきます。

「気づき」につなげるためのポイント

　すべての手順が終わると好きな動物が集合している、新幹線が完成する、などの複数の「できたねボード」を用意し、「動物と新幹線とどっちがいい？」と選んでもらうことで、したくが進まなかった子のやる気を引き出すことができます。

　「できたねボード」は、子どもによって使い方が違ってかまいません。手順を一つずつ確認しながらやる、したくがすべて終わってから「できたねボード」で確認するなど、一人ひとりが自分に合った方法を見つけて使ってもらうことが大切です。

　私たち大人も ToDo リストで確認をしながら仕事をすることがあるのと同様です。「できたねボード」の習慣は、大人になっても続きます。

用意するモノ

● したくの手順を表すイラストと、フタとして使うイラスト
● マグネット（手順の数 ×2）
● 養生テープ
● 厚紙

事前準備と注意すること

1）台紙を用意する（タテ6〜8センチ、ヨコは手順の数で異なる）
2）手順（やること）を表したイラスト（タテ5〜7センチ、ヨコ5〜7センチくらい）を厚紙に貼る
3）手順と対になる好きなもののイラスト（乗り物や動物、昆虫、食べ物など）を描いて、手順のフタになるように台紙ウラから養生テープなどで止める
4）手順と好きなもののイラストがしっかりくっつくようにマグネットをつける

「できたねボード」
「自分でできる」ための子どもの個性に合わせたアレンジ例

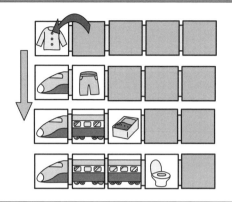

〈ヨコからフタをするタイプ〉

　ヨコからフタをするタイプの「できたねボード」は、一つのことだけが表示されるように作ります。「今やること」だけに着目したほうが取り組みやすくなる子に向いています。

　一つずつ進めていくたびに、終了した部分に電車や動物などのイラストが現れます。

〈後ろにめくるタイプ〉

　さらにコンパクトに「今やること」のみのイラストにしたいという場合は、後ろにめくるタイプがおすすめです。一番最後のカードに「できたね！」といった文字を添えてイラストを描きます。

〈同じ絵でそろえるタイプ〉

　終了時に出てくる絵をすべて同じにしておくことで、「同じものでそろえたい！」とやる気が出る子どもたちもいます。たとえば赤い車が好きな子であれば、フタをするとすべて赤い車の絵が出てくるようにすることで、楽しく取り組むことができます。昆虫が好きな子には、色々な昆虫が集まるバージョンを用意。

おまかせボード

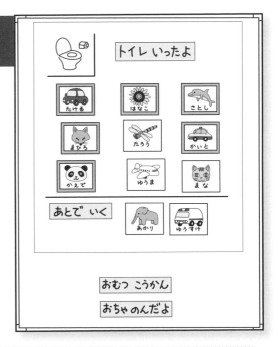

「トイレ行ったの?」「お茶飲んだの?」園生活では、子どもたちに何度も同じことを確認してしまう場面がたくさんあります。そんなとき、遊びを中断したくない子どもたちが、聞こえないふりをするようなこともあります。

「おまかせボード」は、そんな子どもたちが、大人から言われなくても自分で決められたことをやりたくなるしかけです。

ねらい

オモテ面が白、ウラ面が青で、両面に子どもの名前やマークが書かれたマグネットを使用します。

子どもたちがトイレに行く前は、全員の名前のマグネットシートをオモテにしておきます。そして、子どもたちには、「トイレから出てきたらウラ返して青にしてね」と伝えておきます。

後は子どもたちに任せ、トイレを済ませたら、自分でマグネッシートをウラ返して白から青に変えてもらいます。たったこれだけのしかけですが、子どもたちは「自分で」トイレに行く判断をするようになります。また、同じボード内に「あとでいく」コーナーを用意しておくことで、「今はトイレに行きたくない」「行かなくて大丈夫」という子どもたちの意見も尊重することができます。

効果をあげるための工夫

〈「あとでいく」のスペースをつくる〉
「今はトイレに行かない」と判断した子どもたちのためのスペース。白のまま名前を貼ります。スペースが足りなければ、別にもう一つホワイトボードを用意してもOK。

〈乳児クラスの場合〉
おむつを替えたかどうかなどを先生がウラ返すことで乳児クラスの先生同士で情報共有できるようになります。
子どもたちが自分でウラ返せるようになってきたら、子どもたちにまかせていきます。

「気づき」につなげるためのポイント

　0歳児クラスの子どもたちでも、先生がおむつ交換の「おまかせボード」を用意する様子を目にすることで、"今からおむつ交換に呼ばれるのだ"と気づくようになります。見通しをもてるので、先生に急に呼ばれても嫌がったり泣いたりする回数がぐっと減ります。

　年齢が上がってきたら、子ども自身が名札をウラ返すようにすることで、乳児クラスから幼児クラスまで使える継続的なしかけとして使用できます。また、「〇〇が終わったら名札をウラ返して集まる」と伝えることで、場面の切り替えが視覚化されるので、次の行動を促すためのしかけとして使うこともできます。

用意するモノ

● 表と裏で色が異なる両面磁石のマグネット（100円ショップで入手可）
● クラスの子どもたち一人ひとりの名前やマークが書かれた紙（直径2センチ程度）
　2セット
● ホワイトボード（B5〜A4サイズ）
● 黒の水性ペン

事前準備と注意すること

1）両面磁石のマグネットを3センチ×3センチにカットする（サイズはホワイトボードの大きさや子どもたちの発達に合わせて調整する）
2）1）のマグネットの両面に子どもたちのマークや名前を貼る
3）ホワイトボードの上部に「すること」の絵（たとえばトイレ）を描く
4）表面を上にして両面磁石のマグネットをホワイトボードに貼る
5）ホワイトボードの下部に「あとでいく」コーナーを設ける

順番待ちフープ

足を洗う場面や巧技台での活動場面など、子どもたちが順番待ちをするときに、フープを並べるだけで準備できる便利なしかけです。フープの輪の中に一人ずつ入って待ちます。フープがあることで、どこに並べば良いかが明確になるだけでなく、大人がつかなくても順番に自分の前が空いたときに一つ前のフープに進んで行くことができます。

ねらい

先頭を赤いフープと決めておくことで、巧技台のようなスタート位置が分かりにくい活動でも、子どもたちがすぐにどこから並び始めるのかを理解できます（「赤スタート」と呼んでいます）。

やる気まんまんの子が、先頭とは逆の位置からスタートしてしまい、注意せざるを得なくなるといったことも回避できます。

また、消極的な子や、並ぶのが苦手な子に対しては、「何色があいたら並ぶ？」と聞くことで、その子の主体性を尊重してあげることができます。なかなか足洗いに向かえなかった子が、フープが置かれたとたんに一番に来てすべてのフープを通ってから足を洗うようになったケースもあります。

「気づき」につなげるためのポイント

フープを並べる先生を見て、足洗いの準備ができたことに気づいた子どもたちが集まってきて自然に並び始めます。並ぶ場所が「分かる」からこそ、「自分で」並ぶことにつながります。フープが用意できない場所でも次第にフープがあるつもりで並べるようになります。

また、一人目は赤いフープに並ぶと決めておく「赤スタート」は、リーダーの先生の考えをいちいち確認しなくてもだれもが理解できるので、先生同士の連携にも役立ちます。

用意するモノ

●フープ（直径 60 センチくらいの表面が平らなもの）

体温チェックボード

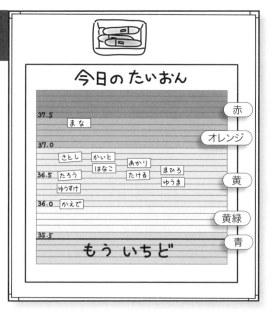

「体温チェックボード」を使うことで、体温を測るたびに「これ何度?」と担任に確認していた4歳児でも体温計の数字とボードの数字を見比べて、測定結果の報告と自身の体調の把握を「自分でできる」ようになります。

ねらい

午睡が終わると、子どもたちは体温計を使って体温を測ります。測り終えたら、体温計の数字と「体温チェックボード」の数字を見比べて、自分の名前をボードの数値の横に貼ります。

体温が高いことを示す赤い部分に名前を貼った場合は事務所に行くなど、事前にルールを決めて子どもたちと共有しておくことが大事です。「体温チェックボード」による計測の継続は、卒園後に自分で体調管理をしていくための大切な経験となります。

「気づき」につなげるためのポイント

体温測定を始めたばかりの頃は、担任が「36度8分、大丈夫だよ」と伝えても、子どもたちはあまりピンときていませんでした。また、「まだ測っていないのだれ?」と担任から声をかけなければなりませんでした。ところが「体温チェックボード」を導入すると、大人が何も言わなくても子どもたちが気づいて自分から体温を測るようになります。

そして、5歳児クラスでは、最初の測定後、自分の体温が高いと気づくとすぐに、自分で判断して実測体温計で再測定し、それでも体温が高い場合には先生に報告することができるようになりました。

用意するモノ

● ホワイトボード
● 35.5 〜 37.5 度刻みの体温を示した表。青、黄色、オレンジ、赤など体温によって色分けをする。101 頁収載の QR コードから画像がダウンロードできます
● マグネットシートの名前カード

3 「選んでできる」ためのしかけ

「選んでできる」ための方法とその効果

　「選んでできる」場面では、子どもたちが「分かって」「自分で」選べるように選択肢を用意します。自分で判断して選ぶためには、自分の今の気持ちやその活動の習得度などに思いを向けることが必要です。これらの行為は、自己理解を促すため、「主体的・対話的で深い学び」を実現するために必要不可欠なメタ認知（自分を客観的に認知する能力）の育成につながります。

　また、提示された選択肢から子どもたち自身が気づきを得て、「こんな選択肢はどうだろう？」と提案できるようになっていきます。

　子どもたちは、自分が選んだものや提案した選択肢を尊重してもらうことで、先生や友だちが「自分を大切にしてくれている、認めてくれているんだ」という意識をもつことができます。それは安心感だけでなく、意見をもつことに対する自信となり、さらにはこれらの体験を生かして、友だちを受け止めることができるようになっていきます。

＊

　ただし、これらを言葉のやり取りだけで実施していたのでは、先生や友だちが自分の考えを受け止めてくれたかどうかが、子どもたちには分かりません。自分が意思表示した考えと、それを他者がどう受け止めたかの両方を視覚化する必要があります。

宣言ボード

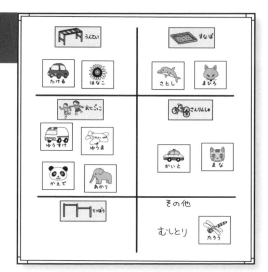

　「宣言ボード」は、「3できメソッド」を実践するうえで最も重要なしかけの一つです。

　子どもたちがその日できる遊びを把握し（「分かってできる」）、そのなかから選び（「選んでできる」）、自分の名前やマークを貼って意思表示をする（「自分でできる」）ものです。思考力や判断力が育つだけでなく、自信をもって意見が言えるようにもなります。

　「宣言ボード」は、子どもたちに自由に選ばせてください。結果的に選んだ遊びと別なことをしていても注意はせず、ただ見守ってください。「3できメソッド」では、「選んで宣言をする」（意思表示）という行為と、それを受け止めてもらえることが大切なのです。「宣言ボード」を保育に取り入れることで、主に以下の効果が期待できます。

① 　思考、判断して自分の意見をもつ習慣ができる。

② 　自分の思いが視覚化されるため、遊びに向かいやすくなる。

③ 　意見をもつことに自信がもてるようになる。

④ 　遊びの選択肢が広がる。

⑤ 　自分以外の子が何で遊んでいるかを知ることができる。

⑥ 　発語がないなど意思表示が難しい子の思いも視覚化されて、みんなに伝わるため、クラスの一体感が強まる。

効果をあげるための工夫

〈その日ごとの遊びを掲げる〉
その日遊べるものに関するイラストや写真を掲示します。園庭遊びのほかにも、室内遊びや散歩先の公園の遊具などの写真を使うこともできます。

〈リクエストに応えるスペースを設ける〉
慣れてきたら、「その他」などのコーナーを設け、子どもたちのリクエストも取り入れていきましょう。

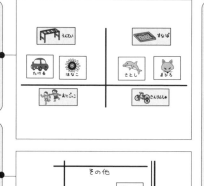

〈名前を貼るタイミングを決めておく〉
登園してしたくが終わったときや、朝の会が始まる前（終わったとき）など、子どもたちが名前を貼るタイミングを決めておきます。遊びをなかなか決められない子や自分で判断することがまだ難しい子に関しては、先生が一緒に考えてあげましょう。

「気づき」につなげるためのポイント

　「何して遊ぼうか」と、頭の中だけで考えても、いつも同じことしか思いつかないものです。でも、「宣言ボード」で遊びのメニューが視覚的に提示されることで遊びへの気づきが広がり、それがやる気へと変わります。

　途中で遊びに飽きてしまった子には、もう一度「宣言ボード」を見せて「次は何をする？」と誘うこともできます。

　「Aちゃんが砂場にいるから、一緒に遊んだら？」と提案するとお友だち（Aちゃん）と遊ぶかどうかが主体になってしまいますが、「宣言ボード」を利用することで、遊びを主体にすることができます。

用意するモノ

● 子どもたち一人ひとりの名前やマークを書いたマグネットシート
● 遊びの写真やイラストのウラにマグネットを貼ったもの
● ホワイトボード（A4サイズ以上）
● 黒の水性ペン

事前準備と注意すること

1）子どもたちが遊びを選んだら、それを必ず尊重する
2）遊びを変えてもボードを貼り直す必要はない。ただし、貼り直したい子を止めることもしない
3）選んだ遊びと違う遊びをしていても、注意はせず、ただ見守る

「宣言ボード」
「選んでできる」ためのアレンジ例

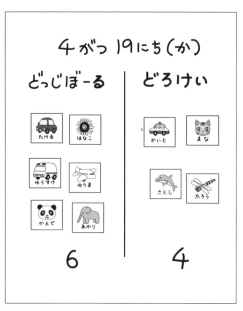

〈「多数決ボード」（全体遊び・散歩先など）に利用〉

やりたい人が手を挙げる多数決は、だれが手を挙げていたのか、子どもたちにはよく分かりません。顔写真やマークを子どもたちが「自分で」貼ることで、どちらが多いかだけでなく、だれが何を選んだかまで一目で知ることができます。

目で見て分かることで、少ないほうのチームから自分たちが選んだ活動の面白さを紹介したいという意見が出ることもあります。

このとき、人数が少なかったほうの遊びを選んだ子どもたちの気持ちを保証するために、それは次回にという約束を「週案ボード」（64頁参照）やカレンダーに書き込んでおきます。

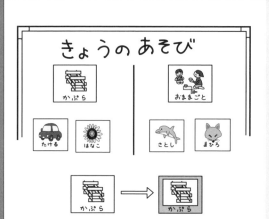

〈協力してかたづける〉

遊びのイラストを両面磁石で貼り（オモテ・ウラの色が異なるものにする）、かたづけが終わったらウラ返して遊びが終わったことを示します。

その遊びのところに名前のあるメンバーで協力しておかたづけをすることで、仲間と協力する意識が育ちます。

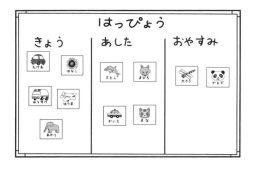

〈発表しないことも選べるようにする〉

「きょう」「あした」など発表できる日を複数用意して「選んでできる」ようにします。そのとき、「おやすみ」や「けんがく」という選択肢も用意することで、ときにはやりたくないという気持ちも尊重することができます。

居場所ボード

　子どもたちが、自由に場所を選んで遊ぶことができる園であれば、「居場所ボード」を用意することで、子どもの居場所を管理することができます。「居場所ボード」を取り入れることで、子どもたちは勝手に移動しなくなり、先生に伝えることを意識しながら、次の遊びのための別室への移動を「選ぶ」ことができるようになります。

ねらい

　部屋を出るときと戻ってきたときに、子どもたち自身に「居場所ボード」にある自分の名前カードを移動してもらいます。「居場所ボード」で次はどこに行こうかと考えることもできます。

　先生にとってもだれがどこにいるのか、一目で分かるので安心ですし、子どもたち自身も常に自分がクラスの大切な一人であるということの自覚につながります。

　運動会で全体演技には参加できず、先生のお手伝いという形で参加をするような場合にも、この「居場所ボード」が活用できます。たとえば「荒馬」はせずに、一人で太鼓をたたくお手伝いをするのであれば、その子も含めた全員を同じ「居場所」に掲示することで、お手伝いの子を含めたクラス全員の一体感を表すことができます。

「気づき」につなげるためのポイント

　集団が苦手で、朝の会に一人離れて廊下で参加するような子にとっても「居場所ボード」は有効です。教室の中と廊下の座席を示した「居場所ボード」を用意して、廊下の席にその子の名札を貼ります。こうすることで、廊下から朝の会に参加をする子もクラスの一員だと、子どもたちが気づくことができます。

　「一人だけずるい！」という気持ちが起きないようにだれでも廊下から朝の会に参加できることを子どもたちにも伝えておきましょう。教室の居心地がよければ廊下からの参加者が増えすぎることはありません。

用意するモノ

● 子どもたち一人ひとりの名前やマークを書いたマグネットシート

週案ボード

どんな歌を歌いたいか、どこに遊びに行きたいか、子どもたちが自分たちで「選んで」週案を作成するためのしかけです。子どもたちと決めた内容は、すべてこの「週案ボード」に記入します。園生活の中で「今度やりたいね！」と子どもたちと話した内容も、すべてこのボードに記録し、実現させていきます。

10 がつ16にち 〜 20にち

うた

てのひらを たいように　　にじ　　おひさまに なりたい

あそび

どっじぼーる　　にしやまこうえん

おべんとうやさんごっこ
・おべんとう
・おかね
・しょうたいじょう

ねらい

「週案ボード」には、その週に歌う歌や行きたい公園、みんなでやりたい遊びなど、子どもたちの希望や意見を記しておきます。

遊びについては、自由遊びは「宣言ボード」（60頁）で個人が選びますが、全体遊びに関しては「宣言ボード」をアレンジした「多数決ボード」（62頁）を使って決めたうえで、この「週案ボード」に記録しておくと良いでしょう。

また、子どもたちとの会話の中で、「今度○○やりたいね」という話になったときは、「週案ボード」の下の空いたスペースにメモしておきます。その週のなかで実現できなかった場合も、必ずその月のうちに実施することが大事です。

「気づき」につなげるためのポイント

歌いたい歌を子どもたちに聞いて、その場で歌うことも大切ですが、曲のリクエストを受けつける日時や方法を決めておくことで、子どもたちはそのタイミングに合わせて計画的に物事を考えるようになっていきます。

また、子どもたちは日常生活の中で「今度にしようね」と大人からそのときにやりたいことを断られたり、先延ばしにされる体験を重ねてきています。「今度」と約束した場合は、その活動を「週案ボード」にメモをして必ず実現することで、子どもたちとの信頼関係が築けるだけでなく、子どもたちが自発的にアイデアを出したくなるクラスへと変わっていきます。

第4章

実践例から
学んでみよう

「3できメソッド」の「しかけ」は、これまで様々な園に導入され
効果をあげています。子どもと先生の「気づき」を促し、一人ひ
とりがいきいきと活動できる実践法を各園の事例から紹介してい
きます。

乳児クラスのしかけと実践例

乳児クラスの子どもたちは、言葉が充分に話せなくてもたくさんのことを理解しています。「分かってできる」しかけを用意することで、子ども主体の乳児保育を実現しながら不要なトラブルを減らし、子どもたち一人ひとりに安心安全な保育環境が提供できます。

入室時のしかけ ①

遊びを終わらせて気持ちを切り替える＜分かってできる＞
──次の活動を見て分かるようにしてあげる

子どもの気持ちを言葉にしてあげる

　水遊びなどの楽しい遊びをしている子を次の活動に誘導した際、特に1歳児クラスでは、子どもたちが次々と泣き出してしまうことがあります。先生は「お部屋に入って遊ぼう」など、次の見通しをしっかりと言葉で伝えても、抱き上げて入室させようとしたとたんに泣き出してしまいます。そんなとき、「もっと遊びたかったね」と子どもの気持ちを言語化してあげることで、自分から「もっと遊びたかった」と表現できるようになります。

　実はこの場面、子どもたちの多くは、次の行動に誘われたということを理解していません。自分の行動を止められたと勘違いして泣くことがほとんどです。なぜなら言葉での説得後、抱き上げて別の場所に連れていく」といった大人の行動は、子どもにしてみれば、「やめなさい」と叱られたときの行動と同じだからです。

　このような勘違いを起こさないためには、次の活動（事例の場合は室内遊び）を目で見て分かるようにしてあげる必要があります。

切り替えの内容を目で見て分かるようにする

　といっても、1歳児に予定表やイラストを見せてもピンとこないでしょう。そこで、部屋に入ってすぐの場所に同じクラスの友だちを遊ばせておくようにするのです。室内に入ったときにお友だちが遊んでいるのを見ることができれば、次は自分もあそこで遊ぶのだと気づくことができます。この方法を導入してから、活動の切り替え時に一人も泣く子がいなくなりました。

入室時のしかけ ②

使いやすい道具でやる気になる＜自分でできる＞
──何が「やりにくい」のか理解してあげる

「なかなかやろうとしない」のはなぜか? 理解してあげる

　日々の生活の中で指先のトレーニングができるようにと、洗濯ばさみを使った帽子かけが用意されている園があります。でも、各自のマークとその子の帽子を止める洗濯ばさみの間に距離があったり、洗濯ばさみの色が全部同じでどれが自分のものか分かりにくかったりしていることが多々あります。また、洗濯ばさみが硬すぎるなど、子どもたちの使い勝手に配慮がされていないものが用意されている場合もあります。このような「分かりにくい、自分でできない」環境では子どもたちはやる気が起きません。

　生活の様々な場面に見られることですが、「やりにくい」と感じている子どもたちは、「なかなかやろうとしない」という行動を取りがちです。ところが、この「なかなかやろうとしない」という行動が、大人には「この子は場面の切り替えが難しい」というふうに見えてしまいます。

　先生方は次の活動の見通しをもたせるために、「帽子をかけます」とイラストで示すなどと、様々な支援を行っていると思いますが、それだけで効果を出すのは難しいでしょう。

　まずは、子どもたちが「なかなかやろうとしない」背景に環境的な問題がないかを考えてみましょう。洗濯ばさみの色を数色用意してランダムに配置したり、洗濯ばさみにマークを貼る工夫をするだけで、子どもたちにとっては「自分で」「分かって」できて、やる気が起きる環境になります。たったこれだけの工夫で、入室するまでの流れが速くなることがあります。

実践例　入室時のしかけ①②

「遊びを終わらせて気持ちを切り替える」＋「使いやすい道具でやる気になる」

以前は, まったく同じ靴下入れのケースを二つ並べていたので、自分のマークを探すのに時間がかかっていました。スペースごとにランダムに色を付けたことで、子どもたちは直感的に自分のマークを見つけることができるようになりました。
今では、靴下を脱いでから自分のマークの場所にしまうまでがあっという間です。靴下を入れる場所を間違える子もいなくなりました。

靴下を入れる白一色のケースは、ランダムに色付けをしてあげると、子どもたちは、自分の靴下を入れる場所を見つけやすくなります。

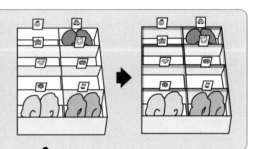

次の活動が何かを見て分かってから移動できるようにする

靴下入れ

同じクラスの子どもたち　←　水遊び

帽子かけ

お部屋　　　テラス

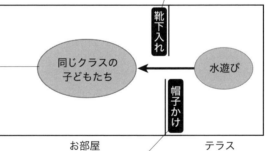

帽子を洗濯ばさみで止める場合、洗濯ばさみを一色だけでなく、カラフルにしたり自分のマークを貼ったりすることで、見つけやすくなります。力のいらない洗濯ばさみやキャラクターをかたどったものにするだけでも子どもたちのやる気が起きます。

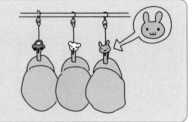

園庭遊びの後、なかなか入室しようとしない子が数人いました。洗濯ばさみをその子にとって使いやすいものにしたり、好きな色に変えてあげたりしたことで、スムーズに帽子をかたづけに行くようになりました。なかなか入室しなかったのは、遊び足りなかったわけではなくて、帽子かけが使いにくかったからだと気づきました。

入室時のしかけ ③

玄関から2階までみんなと一緒に移動＜自分でできる＞ ──楽しんで動ける工夫を

　乳児クラスが2階に設置されている園があります。玄関で靴を脱いでから全員でそろって階段を上りたくても、早く準備ができた子たちが走ってどこかに行ってしまうことがあります。そんなときは、靴と靴下を脱いで準備ができた子から自然と座って待てるように、長椅子を用意しておくと、走り回る子が減ります。

　また、2階までの階段も乳児にとっては長く感じて途中で止まってしまうことがあります。階段にイラストを貼っておくことで、子どもたちは楽しみながら「自分で」階段を上りきるようになります。月ごとにイラストを変えたり、絵本の内容とリンクさせたり、各園で色々と工夫をしてみましょう。

実践例

以前は、階段を上りたくなくて途中で止まってしまう子が数人いました。できるだけ自分の力で上らせてあげたいのですが、大人の体制によっては、ゆっくり待っていられない日もあります。
階段にイラストを貼るようにしたことで、どの子も最後まで上りきることができるようになりました。途中で止まってしまったときも、このイラストまで「おいで」と声をかけるときてくれます。

乳児クラスがある2階に向かう階段に、イラストを貼るだけで、子どもたちは楽しみながら「自分で」階段を上り始めます。

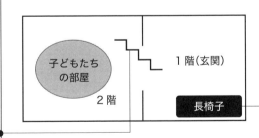

子どもたちの部屋

2階

1階(玄関)

長椅子

座る位置に子どもたちが好きなキャラクターのシールを貼った長椅子を用意するだけで、先生に言われなくても子どもたちは、靴を脱いで足を拭いた子から順に、長椅子に座って待つことができます。

できるだけ一度に入室する子どもの人数を少なくしたり、工夫をしてきたのですが、どうしても早く準備を終えた子どもたちが、先に階段を上り始めてしまうので、止めることが多くなってしまっていました。
長椅子を設置してからは、みんな自然と座って待っていてくれるので、行動を止める必要がなくなりました。

給食時のしかけ

呼ばれたら気持ちを切り替えて食事に向かう＜分かってできる＞
——給食だから呼ばれていると分かるようにしてあげる

「給食できたよ」「ご飯食べよう」と誘っても、知らんふりをして遊び続ける子がいます。たとえば電車ごっこをしている子どもに対して、多くの先生は「電車がそこの車庫まで行ったら戻って来てね」などと見通しを伝えつつ、きりがいいところまで遊べるように待ってあげたりするでしょう。

同じ状況でも「給食できたよ」と先生が子どもたちに声をかけたときに、子どもたちがすぐに食事に向かうことができている園もあるのです。何が違うかというと、そのような園の多くは、先生がエプロンをつけているところを見せたり、子どもたちの食事用エプロンを見せたりするなど、子どもたちが見て「分かる」工夫をしているのです。見て確認することで、子どもたちはなぜ呼ばれたか確信がもてます。だからすぐに集まることができるのです。

子どもたちが、給食に呼ばれてもすぐに食べに来ないのは、何のために呼ばれたのか確信がもてないからです。遊んでいる部屋から食事スペースが見えないような園では特に、そんな状況が多くみられます。

誘ってもすぐに来ない子どもたちに毎日「遊び終わったら食べに来てね」と待ち続けてしまうと、呼ばれた後に少し遊んでから食事に行くものだと学習してしまう可能性があります。そうなると、呼んでも来るはずがありません。心当たりがある先生は、今すぐに給食であること、先生が給食に誘っていることが目で見て分かるような工夫をしてみてください。

実践例

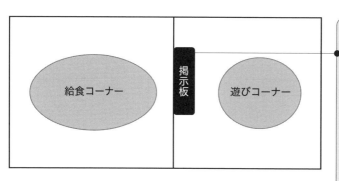

一人ずつ順番に呼ぶ場合は、給食のために呼ばれたことが分かるように、ボードにマークを貼ります。食事用エプロンを見せて呼ぶのも、子どもたちにとって分かりやすい方法です。

給食の準備ができても、子どもたちがいる場所からは見えないので、なかなか来てくれませんでした。誘っただけで泣いていた子もいました。子どもたちのマークをボードに貼るようにしてからは、「○○くんのマークだ！」とうれしそうに、すぐにご飯を食べに来てくれるようになりました。

着替え時のしかけ①

呼ばれた理由を理解したうえで着替えに向かう＜分かってできる＞ ——呼ばれた理由が目で見て分かるように誘う

　乳児クラスでは、おむつ替えや着替えの場所が、遊び場からは見えにくいことがあります。子どもたちは、言葉の声かけだけでは、なぜ呼ばれたのか理解ができないことがあります。そこで、なぜ呼ばれたのかが分かるよう、紙パンツや着替えを見せながら誘うなどの工夫が必要です。

着替え時のしかけ②

着替えでつまずかないように環境を整える＜自分でできる＞ ——いつでもイラストを見て確認できるようにしておく

　まわりに人がいると集中できない場合は、着替えスペースを用意します。2歳児クラスになるとトイレトレーニングのため、ズボン、Tシャツの順に着替えられる必要があります。1歳児の頃から、ズボンからはき替える習慣をつけておくことで、混乱を防ぐことができます。

　また、ズボンだけを脱ぎ、Tシャツ姿でトイレを済ませた2歳児が、自分で着替えようとした際に、Tシャツを脱いで裸になってしまうことがあります。Tシャツから着替えることが習慣づいてしまっているのかもしれません。

　このとき、言葉で「最初にズボンをはこうね」と伝えて「うん」と返事が返ってきたとしても、その通りに行動する子はほとんどいません。

　ズボンをはいてからTシャツを脱ぐ→着ると、イラストで伝えることが大事です。2章でご紹介した「できたねボード」を活用して大人と一緒に取り組むのも良いでしょう。これはイラストなしでもできるようになることがゴールではありません。イラストをだれもが見たいときに見られるようにしてあげる環境づくりが、一人ひとりを大切にする重要なしかけとなります。

　また、この着替えのイラストは、3歳児クラスになり部屋が変わったときにも役立ちます。それまでと同じイラストを使うことによって、着替えのルールは変わらないということが分かりやすくなります。

実践例　着替え時のしかけ ① ②

「呼ばれた理由を理解したうえで着替えに向かう」＋「着替えでつまずかないように環境を整える」

1歳児ですが、おむつやTシャツを見せてから誘うようにしたところ、着替えコーナーからいなくなってしまったり、遊び始めてしまうようなことがなくなりました。すぐに座って着替えに向かうことができています。

着替え、おむつ替えのために呼ばれたのだと分かるように、本人が認識できる実物を見せて誘います。

ズボン、Tシャツ、カゴの絵を描いたカードを貼っておいたり、掲げて示したりすると効果的です。

遊びコーナー	着替えコーナー

気が散りやすい子には、ついたてなどを用意して、落ち着く着替えスペースを確保します。さらにシートを敷くと着替えに使う場所が分かりやすくなります。

カードに描かれたズボンの絵とTシャツの絵を用意しただけで、子どもたちが、着替え途中に裸になってしまうことがなくなりました。
「今はズボン」とズボンのイラスト以外は指で隠して見せることで、「次は何?」と聞きに来てくれるようになりました。

集団で遊ぶときのしかけ ①

思わず話したくなる＜自分でできる＞
──子どもたちの姿ではなく、遊びの対象の記録を残してみる

　公園に散歩に行ったとき、子どもたちの遊んでいる姿を写真に撮る先生が多いと思います。子どもたちにとっては自分が中心に写っている写真と実際の遊んだ場面の写真では、その景色はまったく違うものに映ります。

　あるとき公園に向かう途中で、2歳児クラスの一人が松ぼっくりを拾いました。その子は、公園に着いてからもすべり台で転がしてみたり、砂場に作った小さな山の上に乗せてみたりして松ぼっくりで遊んでいました。

　そこで、先生はその子と一緒に画面を確認しながらすべり台や砂山のてっぺんに置いた松ぼっくりの写真を撮りました。園に戻ってからこれらをプリントして、帰りのおしたくをするスペースの壁に、子どもたちの目線の高さに写真を貼りました。子どもたちはその写真を指さし、話を始めます。通りがかる先生やお迎えに来た保護者に、その日遊んだ内容を伝えたい気持ちになるようです。

　松ぼっくりを持ち帰っただけでは、「どこかに飾ろうね」と言われて終わりになることがほとんどでしょう。でも色々な松ぼっくりの写真があることで、「松ぼっくりとすべり台したの」と楽しかった内容を自分から説明し、共感してもらえるようになります。

　遊びの場面の写真を撮るときは、子どもたちの姿だけでなく、遊びの内容を観察し、子どもたちの視点で被写体を選んで撮影してみましょう。

実践例

保護者向けに子どもたちの遊んでいる様子の写真を飾っていたのですが、特に子どもたちがその写真について大人に説明することはありませんでした。一方、松ぼっくりの写真を貼ったときは、子どもたちの反応がいつもと全然違っていたのでびっくりしました。
言葉がまだほとんど出ていない子も、うれしそうに写真を指さしていたので、このことが発話の発達にもつながるのではないかと感じています。

集団で遊ぶときのしかけ ②

からだを使った遊びを子どもがいつでも＜選んでできる＞
──園内のあちこちに「冒険する通路」をつくる

　乳児クラスの子どもたちには、足の裏の感触をしっかりと感じられる遊びをたくさん経験することが必要です。そこで、子どもたちが必要なときに必要なだけ「選んで」からだを使った遊びができるように、環境設定をしていきます。

　たとえば、床にネットやプールスティック、バランスストーンなどを固定したり、「一本橋」を常設したりすることで、子どもたちは、いつでもその上を歩くことができます。手を洗いに行くために、一本橋を渡っても良いのです。

　乳児クラスの場合、できるだけ段差を作らないようにしている園が多いかと思います。でもこれらのしかけを園内に常設することで、子どもたちはケガをしないで、上手にバランスストーンをよけたり登ったりしながら部屋を横切っています。

実践例

プールスティック

バランスストーン

部屋のいたるところに凸凹が用意されているので、子どもたちはやりたいと思ったときに「自分で」「選んで」楽しくからだづくりに取り組んでいます。このような日々の遊びに向かう姿勢とからだづくりの経験が、幼児クラスでの生活へとつながっていると感じています。

幼児クラスのしかけと実践例

　3歳児クラスから5歳児クラスにかけて、「自分で」「選んで」できることを増やしていくことで、自分の意見をもつことに自信がもてるようになるとともに、考えて判断できる子どもに育っていきます。そのためには、1日の流れや活動の全体像が「分かってできる」しかけと、子どもたちが自分の思いを「自分で」「選んで」明確化しつつ、それらを受け止めてもらえるしかけを用意することが重要です。

主体的に過ごすためのしかけ①

1日の流れを理解し、見通しをもって過ごす＜分かってできる＞ ── 「情報コーナー」を設ける

　「情報コーナー」を設け、その日やることに関しては、そこに見に行けば良いようにします。情報が多くなりすぎると分かりにくくなるので、必要に応じて注目してもらいたい情報のみにするなどの工夫も必要です。

　情報コーナーでは、第3章で紹介した「スケジュールボード」（40頁）や「時間ツール」（43頁）「宣言ボード」（60頁）「週案ボード」（64頁）等を掲示します。

実践例

「なかあそび」と「そとあそび」のどちらがいいかを選ぶための「宣言ボード」

　朝のおしたくを終えるとすぐに「情報コーナー」を確認して、何をして遊ぶのか「宣言ボード」で意思表示をしてもらう流れにしました。すると、これまで園庭で遊びだすまでに時間がかかっていた子たちが、声をかけなくても自分で遊び始めるようになりました。すでに「宣言ボード」で遊びを選んでいるので、見通しをもって園庭に出ることができるようになったのだと思います。

主体的に過ごすためのしかけ❷

全体像が分かることで安心できる＜分かってできる＞
──「宣言ボード」を使って座席を予約する

　午睡のとき、だれがどこに寝るか場所を決めていない園も多いでしょう。また、寝る場所を固定していても、子ども用に配置図を用意している園は少ないようです。

　自分の寝る場所を示すことで、子どもたちは安心して午睡ができます。人数が多いと難しいかもしれませんが、可能であれば、どこで眠りたいのかを選べるようにしてあげると、お昼寝への期待感が高まります。

　食事をするときの座席も同じで、座席が決まっていることで、安心して過ごすことができます。幼児クラスではその日の遊びで仲良くなった友だちと一緒に食べられるように、座りたい席を座席表で事前に予約する仕組みにすると良いでしょう。座ろうと思った席にすでにだれかが座っていた！といったトラブルを防ぐことができます。

　事前に席を決めていない場合に椅子を持って行って座ることで、一緒に食べたいということを意思表示をする子が多くいます。「宣言ボード」（60頁）を応用して座席を予約できるようにすることで「〇〇ちゃん！お隣しよう！」と声をかけ合う姿も見られるようになります。

実践例

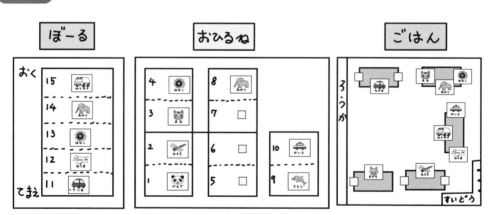

以前は、食事の用意をしている時間帯に、ここに座りたかったのに、とトラブルになることが多くありました。
「宣言ボード」を用意するようになってからは、どこで寝るのか、どこで食べるのか、子ども同士で事前に相談する姿が見られるようになりました。トラブルが起きたとしても、それが忙しい食事時間の前の余裕がある時間帯なので、相談に乗ってあげられます。

主体的に過ごすためのしかけ ③

行き先を理解し、見通しをもって散歩を楽しむ＜分かってできる＞
── どこに行くか、どんなルートか事前に示してあげる

　「今から散歩に出かけます」と伝えても、園庭で遊ぶのだと勘違いしている子どもたちを見かけます。一方、散歩だと分かって出かけた子どもたちの中にも、目的地を理解しておらず、見通しをもてないために歩くことが嫌になってしまう子がいます。

　そこで、どこに行くのか、どんなルートで行くのかを、イラストや写真を使って伝えることで、子どもたちは意欲的に「分かって」歩くことができます。事前にホワイトボードに散歩の全体像を書いて伝えてから出かけたり、チェックポイントの写真を用意しておいて、「次はこれを見に行くよ」と伝えながら歩くことで、子どもたちは歩きやすくなります。

実践例

どこの公園に行くかを示すことで、園庭で遊ぶ時間と勘違いしてしまう子が出ることを防ぎます。散歩の距離が長い場合は、イラストでルートを示すようにします。

以前は、散歩途中で、もう歩きたくないと座り込んだり、抱っこを要求する子がいました。「次の電柱まで抱っこするから、あとは歩くよ？」などと約束して何とか進んでいました。年長になり、からだも大きくなったので、どうしようかと悩んでいたときに、この方法と出会いました。
どこまで歩くのかを写真を使って伝えるようにしたところ、最後まで自分の力で歩ききれるようになりました。今思えば、よく知っている道では、元気に自分の力で歩いていたので、もっと早くルートを知らせてあげればよかったなと思っています。

遊びや活動を発展させるためのしかけ ①

説明をしっかり聞けるから、用意された遊びを楽しめる＜分かってできる＞
──視線が先生に向く環境を作ってあげる

　園では、全員で集まって先生の話を聞く場面が1日に何度かあります。小学生になったときに、先生の話を聞くことができるようにと、このような時間を大事にされている先生も多いと思います。

　その際の注意点として重要なことは、子どもたちが先生の話を聞き流す習慣を身につけてしまわないようにすることです。先生の話を聞いて分かった体験を重ねるからこそ、小学生になったときに先生の話をきちんと聞くことができます。そのためには、子どもたちが集中して先生の話を聞くことができるように、先生の立ち位置と子どもたちの座る位置の工夫が必要です。

　先生は飾りのないシンプルな壁を背に立つようにします。先生のまわりに目立つものがあると、子どもたちの視線はそちらに奪われてしまいます。先生の方をきちんと見ることができている子どもたちにも、「目立つものを見ないようにする」という負荷がかかってしまうので注意が必要です。

　たとえば、保育室の角を背に先生が立つことによって、壁が子どもたちの視線を先生の方向に誘導してくれる役割を果たします。子どもたちが座る位置も、横一列になって壁と平行に向いて座るよりも、保育室の角に向かって扇形に集まる体型にすることで、子どもたち全員の正面に先生が位置することが可能になります。

実践例

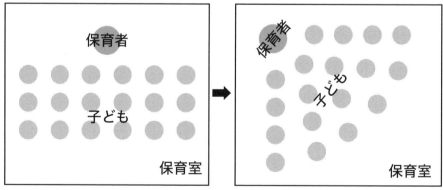

保育室の壁を背に保育者と子どもが向かい合うように座る。

保育者が保育室の角に立つ。

保育者が保育室の角に立ち、子どもたちが扇形の隊形で座ることで、どの子も前を向いて座るだけで、正面に先生がいる状態になりました。子どもたちの先生の話を聞こうとする意識が高まったと感じています。

遊びや活動を発展させるためのしかけ②

目で見て分かるから意見交換ができる＜自分でできる＞
——「多数決ボード」で自分の意見も友だちの意見も尊重できるようにしてあげる

「宣言ボード」の応用例「多数決ボード」（62頁）の具体的な実践例です。

幼虫のときから大切に育ててきたカブトムシに名前を付けることになりました。すると、「先生、あれ（ホワイトボード）使って決めよう！」と「宣言ボード」を使って名前を決めることを提案する子が現れました。

まずは、思いついた名前を書きだしていきました。その後、一人ひとりが、自分がいいと思う名前のところに、自分の名前のマグネットを貼りにいきました。どの名前が人気かが一目でわかります。子どもたちはそこから候補を絞っていきました。

友だちの意見を聞いて、それも良いかもと思ったり、やっぱりこの名前がいいからみんなにこの思いを伝えたいと意見を出したり、「宣言ボード」があることで、自分の思いだけでなく、他の子の思いにも気づき、話し合いを進めることができました。

カブトムシの名前が決まると、選ばれなかったけれど票が入った名前を「この名前も気に入っているから、何かの名前にしたい」という意見が出てきました。そして、まだ名前がついていなかった動物フィギュアの名前として採用することになりました。

実践例

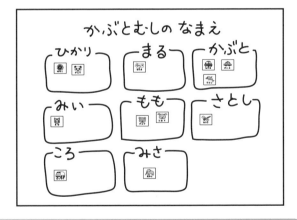

どこの公園に行きたいかなど、毎日のように様々なことを多数決で決めています。その結果、自分が選んだ公園が選ばれなかったときは、悲しくなって泣いてしまったり、お散歩に行きたくなくなってしまう子がいました。でも、宣言ボードを使った多数決では、今日は選ばれなかったけれど票が入った公園には、次の機会に必ず行くというルールを作りました。
初めは泣いていた子たちにも、少しずつ変化が見られるようになりました。今日願いがかなわなくても、次のときにかなえてもらえる……。そんな安心感が生まれてきたのだと思います。

遊びや活動を発展させるためのしかけ ③

目で見て分かるからお友だちと遊びを共有できる＜自分でできる＞
—「宣言ボード」で「みんな一緒に」の気持ちを育てる

　やりたい遊びがあると、いちいち担任に「〇〇やりたい」と伝えてから遊び始めていた5歳児クラス。「宣言ボード」を用意することで、そこに書かれている遊びは先生がすでにOKしている遊びなので、子どもたちは自分たちの判断で遊ぶことができるようになり、友だちと遊びの共有もできるようになりました。

実践例

　その日の選択肢は「レゴ」「おままごと」「お正月遊び」の三つでした。クラスのほとんどが、「レゴ」「お正月遊び」を選ぶ中、一人だけ「おままごと」を選んだ子がいました。先生が「おままごとは一人だけだね…」とつぶやくと、それを聞いた子どもが自分のマークを「おままごと」に移動させて、おままごとコーナーで遊び始めました。

　しばらくすると、またおままごとコーナーは一人だけになってしまいました。でも大丈夫です。「お正月遊び」を一通り終えた子が、「おままごとに(自分の名前を)貼ってきたから入れて！」と来てくれました。

　「宣言ボード」は、一人で遊びたい、少人数で遊びたい、大勢で遊びたい、お友だちを一人ぼっちにしたくないなど、色々な子どもたちの思いをかなえることができます。

ホールの遊びを決めるときにも「宣言ボード」を使っています。最初は意見がバラバラでも、「やっぱりこっちがやりたいなあ」と変える子が何人か出てきます。大人が何も言わなくても、最終的に二つか三つのやりたいものに意見が固まっていきます。みんなで一緒にやりたいという思いが強いので、ほかの子が何をやりたいのかをよく見て、自分の意見を調整しているように思います。「宣言ボード」を使うことで、「みんなで遊びたい」という思いを子どもたち自身でかなえることができています。

遊びや活動を発展させるためのしかけ❹

自分に合った活動を選べるから自信をもって取り組める＜選んでできる＞
──「宣言ボード」と「予約ボード」で今の自分の位置を知らせてあげる

　小学校、中学校では、自分が今どのくらい授業の内容を理解できていて、分からないところはどこか、自身の学習状況を判断する力が求められます。自分の状態に思いを向け、今の自分に合うものを選び取る力は、学びの準備として、とても大事なことです。

　ここで紹介する「宣言ボード」と「予約ボード」を使う実践例は、参加している活動への自身の習得状況を自分で理解・判断し、自分に適した環境を選ぶ力を育ててくれるものです。

実践例

　プール遊びは、得手不得手の差が激しい活動の一つなので、子どもたちを２〜３のグループに分けて、それぞれのレベルにあった活動を用意している園が多いと思います。

　ある５歳児クラスでは、子どもたちが自分のレベルにあった活動を「自分で」「選んで」できるように「宣言ボード」を用意しています。水につかってゆっくりワニ歩きをする「ワニグループ」と、すいすい泳げる「イルカグループ」の二つに分け、子どもたちは、どちらのグループに入るのかを自分で選びます。

　泳げるのにワニ歩きの「ワニグループ」を選ぶ子、「ワニグループ」からスタートして自信をつけてから「イルカグループ」にチャレンジする子、「イルカグループ」に行ってみたらちょっと怖かったので、次からは「ワニグループ」を選ぶようになった子、主体的にグループを選び、プールを楽しみます。

　最終日の発表会では、「予約ボード」を使って泳ぐ順番を決定しました。いつ自分の番が来るのか見通しをもてているので、全員が最高のパフォーマンスで発表会を終えることができました。

　泳ぎがあまり得意でなく、早く済ませたいと思っていた子が後半の順番になってしまうと、ずっとドキドキしていることになります。自分で泳ぐ順番が選べることで、先に泳いでゆっくりしたい子、みんなが泳ぐのを見て安心してから泳ぎたい子など、それぞれの気持ちに寄り添うことができます。
　どのグループに参加するか自分で決められるので、子どもたちの気持ちが明確になり、それを理解することができました。泳げるようになった結果だけでなく、グループ選択のプロセスを保護者と共有して喜び合うこともできました。

自分のことは自分でやるためのしかけ ①

意識できるから楽しみながらも責任をもって取り組む＜自分でできる＞
──「おまかせボード」と「できたねボード」の発想を組み合わせて積極的な手洗いを励行

　毎日の生活の中では手を洗う場面が何度もあります。ただ、外遊びの後は必ず手を洗うとしても、ほんの少しテラスに出ただけならその必要がないかもしれません。子どもたちと先生の間で手を洗う・洗わないの判断がずれてしまうこともあるでしょう。また、寒くなって水が冷たくなってくると、洗わないで済ませようとする子が出てくることもあります。

　第3章で紹介した「できたねボード」（52頁）と「おまかせボード」（55頁）の発想を組み合わせて、子どもたちが手を洗いたくなる工夫を取り入れたクラスの実践例を紹介します。

（実践例）

　子どもたちは、手を洗ったらイラストのおうちから好きな窓を選んで、自分のマークを貼ります。どこの窓に貼るかは、自由に選ぶことができます。そして、食後にうがいをしたら、好きな動物を自分のマークのある窓に貼ります。このボードを使うことで、手を洗いなさい、うがいをしなさいと言われなくてもそれを自然と習慣化することができます。

　他にも、たとえば「6になったら(時計の長針が6をさしたら)給食の準備」と伝えておき、6になったことに気づいたら、自分のマークを窓に貼る。そしてかたづけが終わったら動物を貼るという使い方もできます。遊びの終了時間が分かっていても、なかなかかたづけを始めないクラスなどに有効です。

　手を洗うよう担任から促されることを嫌がる子でも、このボードがあると、自分から手を洗いに行ってくれます。
　どこに貼ろうかなと楽しみながら手を洗ったり、うがいをしたりしています。私たちにとっても、だれが手を洗っていないのかを確認できるので一回一回声かけをする必要がなくなりました。

自分のことは自分でやるためのしかけ ②

自分で選んだから意識して取り組む＜選んでできる＞
──目標に向かって楽しく食事を準備

　給食の時間、おしゃべりをしてしまって食べ終わるのが遅くなる子や、あまり噛まずに飲み込んでしまう子がいたり、子どもたちは大人の思うように食べてはくれません。落ち着いて食べられるように席の位置を工夫したり、一定時間はだれともしゃべらない「もぐもぐタイム」を設定したり…、先生方は小学校に進学しても困らないよう、あの手この手をつくしていることでしょう。

　このような場合、「宣言ボード」（60頁）の活用で、子どもたちが自分で意識して食事の時間に向かうことができるようになります。

実践例

　「静かに食べる」「よく噛んで食べる」「残さず食べる」など、複数の目標をホワイトボードに書き、子どもたちはその中からその日の目標を決めて、給食を食べます。自分で選んだ目標なので、楽しみながらチャレンジすることができます。

食事のたびに、「静かにしなさい」とか、「よく噛んで」とか、何かと注意をすることが多くなっていました。私たち大人が大事だと考える目標を押し付ける形になっていたのだと思います。
「宣言ボード」を活用するようになってからは、自分たちで決めた目標に沿って、子どもたちが食事に集中することができています。時間内に食べ終わることが当たり前のようになってきました。

役割を果たすためのしかけ（キャリア教育）

分かるから役割を果たせる＜分かってできる＞
──当番の順番を見える化して、いつが自分の順番か理解する

　4、5歳児クラスになると、多くの園でお当番活動が始まります。当番の子の名前（名札）を後ろにめくるタイプにまとめているクラスが多いようです。でもこれだと、その日にお当番の子が欠席して、他の子どもと順番を入れ替えた場合、何度も前後にめくるうちに、いつだれに当番がまわってくるのかよく分からなくなってしまいます。

実践例

　休んだ子がいても、お当番の順番が「分かってできる」ために有効なのは、全員の名前のマークを並べておく方法です。赤い矢印を移動して、当番がだれかを示します。お休みした子がいてもその子のマークと当番を代わりにした子のマークを入れ替えることで、均等に順番が回ってくるようになります。子どもたちも、あと何日したら自分の番が回ってくるのかを数えることができます。隣にカレンダーを置いておくことで、さらに理解を深められます。

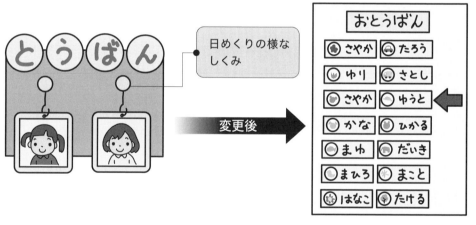

日めくりの様なしくみ

変更後

おとうばん

◎ さやか	◎ たろう
◎ ゆり	◎ さとし
◎ さやか	◎ ゆうと
◎ かな	◎ ひかる
◎ まゆ	◎ だいき
◎ まひろ	◎ まこと
◎ はなこ	◎ たける

日めくりタイプのものだと、当番の子が休んだときに、カードをめくってしまうと、その子が登園してきたときにカードを戻したり…、大人でも順番が分からなくなってしまっていました。
それが、当番の順番を見渡せるようにしたことで、お休みの子の代わり（次の子）はだれかをすぐに理解できるようになりました。「（自分は）あと〇日だ！」と数えにくる積極的な子もいます。
卒園間近の5歳児クラスの子どもたちも「卒園式までにもう一回お当番ができるかな」などと、楽しく過ごすことができています。

自分と相手の気持ちを大切にするためのしかけ ①

ケンカしても、気持ちを伝え合って仲直り＜分かってできる＞
──「おにぎり顔イラスト」でお互いが気持ちよく仲直りをする

　第3章で紹介した「おにぎり顔イラスト」を利用した「分かってできる」ためのアサーショントレーニング(48頁)を日常生活の中に活かしていくことで、ケンカになってしまっても、子どもたちだけで解決できるようになります。

実践例

　おにぎり顔イラストをみながら、4歳児二人がこんな会話をしていました。

A「どの顔になりたいわけ？私はこれ(さわやかさん)だけど」
B「私だってさわやかさんになりたいよ！だけど・・・」
A「じゃぁなんでこんな顔(怒りんぼさんの泣いている方)なわけ？」
B「そういう言い方するからだよ！」
A「・・・・・ごめんね」
B「いいよ、こっちもごめんね」
A「いいよ・・・」

　態度は違っても、心の中は同じ気持ちと分かれば、仲直りは早まります。本当は許してくれていないんじゃないか…といった疑う気持ちももたずに済みます。

ケンカが始まってしまうと、本人たちでは、仲直りすることは難しく、仲裁に入ることがよくありました。でも、おにぎり顔で「さわやかさんになりたいね」と話し合ってきたことで、子どもたちがそれを合い言葉に、仲直りができるようになってきたように思います。
子ども同士だけでなく、先生をたたいていた子にも、「今どういう気持ちか教えて?」とおにぎり顔を指さしてもらいました。すると、笑顔を選んだので「先生のこと好き?」と聞くと「うん」と答えました。「たたくのは、好きな人にすることじゃないよね?どうすればいい?」と聞くと、気持ちを落ち着かせ、たたくのをやめてくれました。
おにぎり顔の中から自分の気持ちに近いものを選び、自分の行動と照らし合わすことで、それが良い行動ではなかったことに気づくことができたのだと思います。

自分と相手の気持ちを大切にするためのしかけ②

大切な行事に落ち着いて参加するためのお守りに＜自分でできる＞
――おにぎり顔で「なりたい自分」のイメージトレーニング

　行事などの晴れ舞台で、急にテンションが上がってコントロールが利かなくなる子がいます。そんなときは、「おにぎり顔イラスト」を使って、自分がなりたいイメージを先生や友だちと共有することで解決できます。

実践例

　卒園式であれば、そこにどんな顔で出たいか、みんなに「おにぎり顔」を選んでもらいます。そのうえで、どうすれば選んだ顔で卒園式に参加できるかや、望ましくない顔にならないためにどうすればいいか、など様々なケースを想定して意見を出し合います。この方法は、クラス全体で取り組むことも可能ですが、個別支援で行うこともできます。

　卒園式の途中で、気持ちがたかぶってコントロールが利かなくなりそうな子に対して、「おにぎり顔カード」で気持ちを落ち着かせることができたらと思って、前日に一対一で取り組みました。
　卒園式にどんな表情で参加したいかと聞くと、その子は、口をあけた笑顔を選びました。みんなと歌いたいからという理由でした。当日は、「あのカードある？」と聞いてきたので、カードを見せると「うん」とうなずき、その後は前を向いて、最後まで落ち着いて卒園式に参加することができました。
　「自分を助けてくれるカードをいつでも確認することができる」という状況が、その子のお守りになったと感じました。

自分と相手の気持ちを大切にするためのしかけ ③

伝えたい！聞きたい！気持ちを引き出す＜選んでできる＞
──ネガティブな気持ちも前向きに「おにぎり顔」で共有できる

「おにぎり顔イラスト」を使った「おにぎりスピーチ」（47頁）は、見通しをもって友だちの話を聞くことができ、さらにスピーチをする子は、前もって表情を選ぶことでエピソードを伝えやすくなります。

楽しかったことだけでなく、悲しかったことや辛かったことも表現しやすくなります。ネガティブな話題も皆と共有されることで、癒しにつながることが期待されます。

実践例

いつものスピーチであれば、「昨日〇〇に行きました。楽しかったです」となるところが、おにぎり顔イラストを使うと「昨日こんな顔になりました。ママが急に××と言い出したからです」といったようなエピソードも語りやすくなります。

初めは、「にこにこ」顔を選んで話すことが多いですが、慣れてくると、悲しかったこと、怒ってしまったことについても話せるようになっていきます（先生が見本を示すことも大事です）。

お母さんに怒られた、兄弟げんかしたなどの体験が語られるようになると、聞いている子どもたちが自分と同じ！と共感し、お母さんに怒られているのは自分だけではないのだと、安心感が得られるようになります。

ネガティブな感情になったときに、子どもたちは、自分を悪い子と責めてしまうことがあります。でも、自分だけではないと知ることで、困ったことがあったときに先生や友だちに相談できるようになります。ネガティブな気持ちも、否定せずに受け止めてあげることは、とても大切です。

一人がお母さんとケンカしたエピソードを話した日から、ほかの子たちも辛かったエピソードを話すようになりました。最後に担任から「お母さんとは仲直りできた？」と聞かれて「うん」と答えて終わることがほとんどで、最後はハッピーエンドになっています。

他クラスと連携するためのしかけ ①

「宣言ボード」を活用した異年齢散歩＜分かってできる＞
── 「宣言ボード」を担任間の連絡ツールとして活用する

　「3できメソッド」の子どもたちへの実践は、園内の職員間の効率的な連携にも繋がっていきます。

　「宣言ボード」は、担任間の煩雑なやり取りを整理し、連携を円滑にするツールとしても活用することができます。また、異年齢との関わりは、子どもたちにとって、人を思いやる心が育つ貴重な機会です。

> 実践例

　4歳児クラスと2歳児クラスで散歩に行くことになりました。それぞれ二つのグループに分かれ、別々の公園に行きます。まずは、4歳児クラスで「宣言ボード」を使って、どちらの公園に行きたいかを子どもたちが選びました。子どもたちの希望が一つの公園に偏ることもなく、自然と均等に2グループに分かれていました。

　4歳児の「宣言ボード」を2歳児の担任に渡します。2歳児の担任は、兄弟関係なども確認しながら、子どもたちの意向も反映させて「宣言ボード」に2歳児の顔写真を貼っていきます。このことで、それぞれの公園のメンバーが一目で分かるようになります。大人も子どもも見通しをもって散歩に臨むことができます。

　事前に縦割り班活動（異年齢保育）のグループを作る際、大人がメンバーを決めていることと思います。子どもたちが自分で選んだ公園に行くことで、4歳児は責任をもって2歳児に接してくれ、仲良く一緒にお散歩をしてくれます。

　4歳児が行きたい公園を選んだときに、人数が均等に分かれたのでほっとしました。「宣言ボード」上でグループ分けをしたことで、それぞれのグループにエントリーしている人数を子どもたち自身が把握してバランスをとったのだと思います。
　私たちとしても、相手のクラスのだれを引率することになるのかを事前に「宣言ボード」で把握できるので、安全管理の面でも非常に有効だと感じています。

他クラスと連携するためのしかけ ②

途中で担当を交代しても大丈夫＜自分でできる＞
──「おまかせボード」を利用したおむつ交換や水分補給の連携

　おむつ交換（トイレ）や水分補給は、全クラス共通に「おまかせボード」を用意することで的確な対応が可能になります。ヘルプで入った職員もすぐに状況が把握できるため、ミスを防ぐことができ、さらに職員のストレスも軽減されます。

実践例

　おむつ交換の途中で保護者への対応が必要になった場合、「おまかせボード」（55頁）を使い、おむつ替えが終わった子のマークを裏返しておけば、口頭による引継ぎをしなくても、別の職員にバトンタッチすることができます。水分補給も同様、お茶を飲んだ子のマークを裏返して色を変えておくことで、飲み終えた子とまだ飲んでいない子を明確に示すことができます。

　私たちの園では、シャワーをする子、しない子を間違えないために、連絡帳を確認したら「おまかせボード」に反映させて情報を共有します。2歳児クラスでは、エプロンが必要な子とそうでない子を担任以外の先生も把握して対応できるように、同様に「おまかせボード」を活用しています。
　ヘルプで入ってくださった先生にも、ボードを見ただけで対応してもらえ、無駄な時間がなくなりました。

他クラスと連携するためのしかけ ③

午睡をするかしないか子どもが選ぶ〈選んでできる〉
── 4歳児・5歳児のお昼寝を「おひるねボード」で効率化

　幼児期の子どもたちの中には、一切午睡をしない子がいたりします。クラスごとに遊ぶ子と寝る子に分けるのは、スペースと配置する人材の確保が難しくなります。

　4歳児クラスと5歳児の二つのクラスが合同で取り組めば先生の数を増やすことなく、遊ぶ子の部屋と寝る子の部屋に分けつつ、それぞれの対応が可能になります。

実践例

　「宣言ボード」（60頁）を応用して、子どもたちが午睡をするかしないかを選ぶことができる「おひるねボード」を作ることができます。

　「しっかり寝る子」、布団に入って「からだを休めるだけの子」、寝ている友だちの邪魔にならないように「静かに遊ぶ子」の3グループに分けてホワイトボードに「イラスト」「文字」の順で記します。それぞれのグループの条件を右側に書きこみ、子どもたちは、その条件を確認しながら自分がどのグループに入るのかを考え、自分のマークを貼ります。

　このようにすることで、子どもたちは自分の体調と向き合い、健康管理の意識を身につけることができます。

おひるねボード		
	しっかりねる	たくさんはしった／ねむい／つかれた／とおくのこうえんにいった／ゆうべねるのがおそかった
	からだをやすめる	すこし　はしった／すこし　つかれている／ゆっくりしたい／すこしだけねたい／あとで　つかれるかも
	しずかにあそぶ	「しっかりねる」と「からだをやすめる」にあてはまらない／ねむらなくてもよるまでげんき

　全員を眠らせなければいけないと考えると、午睡の時間が私たちにとっても子どもたちにとっても辛いものになってしまいます。
　「おひるねボード」を使うことで、子どもに合わせた午睡の時間を過ごすことが可能になりました。
　寝ないで静かに遊ぶ子の理由が示されているので、「寝なくてずるい」と言い出す子もいません。また、2クラス合同で取り組むので、先生の対応も効率的になり、5歳児が4歳児に対して静かに遊ぶようにリードしてくれ、それも助かります。

第5章

「3できメソッド」が
大切にしていること
活用と工夫のためのこころがまえ

「3できメソッド」の実践は、常に子どもの思いに寄り添い、はたらきかけていくことが重要となります。「3できメソッド」が大切にしている子どもを見守る視点について解説します。

1 徹底的に子どもを中心にすえた保育であること

一見、主体的に見えても…

　もともと保育の現場では、子どもたちの主体性が大切にされています。でも先生方から見て主体的であると感じている子どもたちの行動のすべてが本当に子どもたちが自主的に行ったものだといえるのでしょうか。

　たとえば、「着替える必要がある人だけが着替える」というルールを先生が子どもたちに提示したとします。確かに着替える必要があるかどうかを自分で考えさせる点で「全員着替えましょう」というルールよりも、子どもたちに思考や判断をさせる機会を与えているといえます。先生に焦点を当てれば、子どもたちの主体性を尊重したしかけを取り入れていると考えられます。

　今度は子どもたちの側に焦点を当ててみましょう。着替えなかった子どもたちについては全員が主体的に行動したといえるのでしょうか？実は、着替えなかった子どもたちの中には、「面倒くさい」「着替えなさいと言われたら着替えよう」そんなふうに思って着替えなかった子どもたちが含まれています。

　このように、主体的な子どもと主体的ではない子どもが同じ行動（この場合は着替えない）を取るという場面がたくさんあります。みかけの行動だけで判断すると、子どもたちの実態を置き去りにしてしまうことになってしまうので注意が必要です。

汚れていないから
着替えない

面倒くさいから
着替えない

「分かって」「自分で」「選ぶ」ための工夫

「判断基準」を提示してあげる

「3できメソッド」では、様々なしかけを用意して「先生が伝えた内容」と「子どもたちが理解した内容」のズレをできる限りなくしていきます。たとえば**「着替える必要がある人だけが着替える」**と伝えた場合であれば、「宣言ボード」（60頁）を活用します。

ホワイトボードに「着替える」「着替えない」と文字やイラストで記したものを用意します。このとき、**子どもたちがなんとなく選んでしまわないよう、判断基準（服が汚れている、汗をかいたなど）も併せて掲示します。**このひと工夫によって、子どもたちは「先生が伝えた内容」を「分かって」できるようになります。そのうえで、子どもたちには、自分が該当する方に自分の名前やマークを貼るよう伝えます。こうすることで、子どもたち全員が着替えるかどうかを「自分で」判断することができ、かつ、先生が伝えた内容の意図を理解して行動を「選ぶ」ことができます。

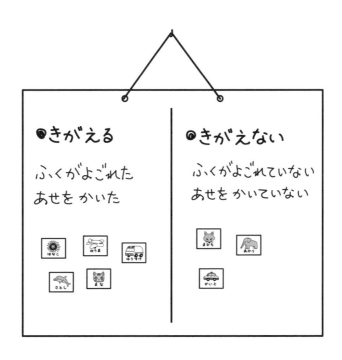

2 大人がどう伝えたかではなく、子どもにどう伝わったかを重視する

「やらない」の本当の理由を知る

　２歳児クラスの朝の会です。先生がＴシャツの形をした紙を見せながら「あとでこのＴシャツの上に絵を描くよ」と説明をしました。その後、自由遊びのかたわらで、数人ずつ集まって交代制で紙のＴシャツのお絵かき遊びを楽しみました。全員がお絵かきを終える頃、先生はまだ参加していないＡくんを誘いました。

先生「Ａくん、Ｔシャツにお絵かきしよう」

Ａくん「やらない」

先生「やらなくていいの？　じゃあもうかたづけちゃうね」

　朝の会で先生から説明があったとき、Ａくんは身を乗り出して話を聞いていたので、私はＡくんが「やらない」と答えたことに驚きました。そこで、Ａくんに「Ｔシャツにお絵かきしないの？」と尋ねてみました。するとＡくんは自分が着ているＴシャツを引っ張ってのぞき込みながら「うん。だって、僕のＴシャツにはもう描いてあるから」と言いました。

　私は、改めてＡくんに「朝の会の時に先生がＴシャツの形に切った紙を見せてくれたでしょう？　あのＴシャツの形の紙にお絵かきするんだよ？」と説明しました。すると、Ａくんはびっくりした顔をした後、「やりたい！」と先生のところにいき、Ｔシャツのお絵描きを楽しみました。

勘違いに気づいてあげる

　Ａくんの担任は、これまでに発達に障害をもつ子がいるクラスを担任してきた経験がありました。その経験を活かし、朝の会で説明をする際に、視覚化を意識して、実物を使って目で見て分かるように説明をしました。また、お絵かきにこなかったＡくんに対して、個別に声かけをして誘いました。先生にしてみれば、やるべきはたらきかけをしたうえで、Ａくんの「やらない」という意見を尊重したのでした。でも、Ａくんがお絵かきに来なかった本当の理由は、先生が伝えた内容を勘違いしてしまったからでした。

「分かって」「自分で」「選ぶ」ための工夫

「分かって」いたかどうか確認してみる

　この事例では、Aくんは紙のTシャツに絵を描くのだと分かっていなかったために、「やらない」と自分の本心とは異なる判断をしました。しかし、先生はそれに気づかずにAくんの誤解に基づく判断を尊重してしまったのです。

　このような「誤った尊重」を防ぐためには、先生が何に誘っているのかを正しく「分かる」ように子どもたちに伝えることが大事です。もし、先生がAくんにTシャツの形の紙を見せながら、「ここにお絵描きするけどやる？」と聞いていたら、きっとAくんは、先生が伝えたいことを正しく理解したうえで「やりたい！」と判断をすることができたことでしょう。

　「3できメソッド」では、子どもたちが「分かってできる」ことがすべての基礎であると考えています。相手（子ども）に「分かる」ように伝えることは、子どもたちをひとりの人間として尊重することでもあります。そして、子どもたちは「分かる」からこそ的確な思考や判断、行動（表現）を起こすことができます。**もし、子どもたちが何かをやらないという姿を見せた時は、その子たちに「分かる」ように伝えなおすことを心がけたいですね。**

なぜやらないの？

3 子どもたちが適切に判断できるように「環境」や「考え」を提供する

並びたくないBくんの本当の理由は？

　園庭で思いっきり遊んだ3歳児クラス。みんなより少し遅れてBくんが入室。ところが、Bくんが手を洗おうと水道に向かうと、すでに先に入室した子どもたちの行列ができていました。

　二つの蛇口の前には、それぞれ目安となる白いテープが貼ってあり、子どもたちが4人まで間隔をあけて並べるようになっています。この日はどちらも4人以上が並んでいたので、テープがない場所にも子どもたちが並んでいる状態でした。
Bくんは先生に促されて列の一番後ろに並びましたが、そのうちに並ぶのをやめて、床に寝転がってゴロゴロし始めました。しばらくすると、担任が来てBくんに「早く手を洗ってご飯食べよう」と声をかけました。

　Bくんは動きません。その後も何度か担任はBくんを誘いましたが、並んでいる子がいなくなるまでBくんは手洗いの列に並ぼうとしませんでした。

　Bくんは、いつもみんなが終わってから最後にやることが多く、次の活動に遅れがちです。担任はそんなBくんのことをもっと早くに取りかかれるようにサポートするつもりで毎回声をかけるようにしています。どんなに声をかけてもBくんが急ぐことがないので、担任の先生はどう支援すればBくんが「自分で」手洗いに向かえるのかと悩んでいました。

「自分でできる」ための工夫

子どもたちが行動するための基準を用意してあげる

　大人にも行列のできる店に行くのが好きな人もいれば、できるだけ並ばずにすむ店を選ぶという人もいます。子どもたちも同じです。並ぶのが好きな子とそうでない子がいます。

　Bくんの場合は、並ぶのが苦手というよりも、効率を重視するタイプといった方が正しいかもしれません。なぜなら、Bくんは、並んでいる人がいなくなってから手を洗いに行くからです。ただ並ぶのが苦手なだけであれば、テープが貼ってある場所が空いた時点で並び始めるはずです。

　私はこのクラスに、以前「順番待ちフープ」（57頁）を紹介しました。すでに、白いテープで並ぶスペースを分かりやすくする工夫はなされていたのですが、これを「順番待ちフープ」のように「赤、青、緑、白」の4色に変更しました。そして、Bくんがいつも通り手洗いの列に並ばずに床でゴロゴロしている場面で、先生に「何色になったら並ぶ？」と聞いてもらいました。すると、Bくんは「赤」と即答したのです。Bくんは先頭の赤いテープの場所が空くのを待っていたのです。そのことが分かったので、先生は、Bくんがなかなか並ばないことを心配する必要がなくなりました。

　先生から何度も並ぶように促される生活から一転、Bくんが自身で「赤が空いたら並ぶ」と判断して、それを実践する生活へと変わりました。Bくんはカラフルなテープがあることで、「自分で」判断し、先生とその判断を共有することで、入室から手洗いまでの流れが「自分でできる」ようになったのです。

　それから1年が過ぎたころ、クラス全員で近くの公園に行きました。BくんとCくんがスプリング遊具に乗っていると、Dちゃんがやって来ました。Dちゃんは「かわって！」と頼みましたが、まだ遊び始めたところなので二人とも交代してくれません。するとDちゃんは、ささっと土の上に靴で線を引き、待つ場所を「自分で」作りました。

　普段から園ではフープやテープを使って順番待ちをしているので、自分自身で工夫をして順番を待つことができるように育っていたのでした。

4 子どもに選択させ、その内容を見える化して共有する

ちぎり絵が大好きなはずなのに、途中で切り上げてしまったFくん

　子どもたちが、満足して遊びを終えることができる。とても大切なことです。でも、よくよく観察してみると、飽きてしまって活動を終えている子どもたちも多く見られます。4歳児クラスの子どもたちが、みんなで協力して作る大きなちぎり絵に取り組んでいました。ひとしきり作業を終えて席を離れようとするEちゃんに、先生が声をかけます。「もういいの？　おしまい？」するとEちゃんは答えます。「もういい」。先生は「手を洗って、向こうで絵本を読んでいてね」と伝えました。

　皆の様子を見て回っていた先生は、ちぎり絵が大好きなFくんのお皿に乗っているちぎり折り紙が、残り三つだけになっていることに気づきました。Fくんを担任して3年目になる先生は、Fくんはもっとやりたいだろうと考え、気を利かせてFくんのお皿にちぎり折り紙をひとつかみ入れてあげました。

　ところが、1分もたたないうちに、Fくんは席を立ってしまいました。先生はすかさず「Fくんどうしたの？　まだいっぱいできるよ」と声をかけました。Fくんの答えは「もういい。おしまいにする」。

　先生は、Fくんにしては珍しいなと思いましたが、いつもより早めに切り上げてしまった理由について特に思い当たりませんでした。

もう、いい……

「分かって」「自分で」「選ぶ」ための工夫

「選んでできる」ことによって得られる達成感

　「もういい」と答えたEちゃんとFくんの二人は、満足して活動を終えたのでしょうか？ 達成感は得られたのでしょうか？

　経験豊かな先生ほど、子どもたちの能力や好みから判断して、この事例のように各自が使うちぎり折り紙の量を調節してあげます。でも、想像してみてください。あと三つ貼ったら終わりだなと思っているところへ、「あなたはもっと必要よね」と増やされてしまうのです。皆さんならどう感じるでしょうか。

　自分一人の作品を作るのであれば、作品が完成したかどうかを自分で決められるので、達成感が得られる確率は高いです。でも、集団で一つの作品を作る場合は、別のしかけで達成感が得られるようにしてあげる必要があります。

　ある5歳児クラスでは、大盛、中盛、小盛のちぎり折り紙が入ったお皿を用意しました。子どもたちは、**自分が貼りたいと思う量のちぎり折り紙が入ったお皿を持ってきて、作業に取りかかります。もし足りなければ、「おかわり」ができます。先生方は、子どもたちが選んだ量を尊重して見守ります。**

　すると、一皿分貼り終わって「全部貼れた！」と喜ぶ子、「もっとやりたい！」と「おかわり」をする子、「お皿二つ貼ったの！」と得意げに話す子、「ちょっと多すぎちゃった、手伝って」と友だちにへ助けを求める子、**一皿という区切りがあり、さらにそこに選択肢があることで、子どもたちはいきいきと取り組むことができます。**

やったー！

＊「3できメソッド」を取り入れた保育の成果＊

　練馬区立土支田保育園の4歳児クラス「いるか組」では、「3できメソッド」を取り入れたしかけが、登園してからお迎えの時間までの間の様々な場面にちりばめられています。

　いるか組では、毎日、朝の「発表広場」と午睡明けの「おやつの会」を子どもたちだけで運営しています。週案も、子どもたちが考えたものを採用しています。先生方は、子どもたちが「自分でできる」ようにしかけを用意したら、あとは子どもたちを見守りつつ、一緒に発表をしたり、応援をしたりして楽しみます。

　そんないるか組の1日は、拍手と「かわいい！」「かっこいい！」「すごい！」「ステキ！」の声で始まります。子どもたちの司会進行で行われる「発表広場」です。

　「発表広場」は、発表したい人が発表したいことを自由に発表する場です。筆者が初めてこの活動を見学した日は、「猫やります。ニャー」という発表者が何人もいました。皆自分ができることを発表するので、先生のサポートなんていりません。そして、一つの発表が終わるごとに拍手と声援が飛ぶので、朝10時までに全員が一度はいい気分になります。これが、毎朝の日課なのです。

　一般的には、朝の会はじっと座って先生の話を聞く静かな時間です。5歳児クラスになると、朝の会の司会進行を子どもたちが担う園が増えますが、多くの子どもが先生に次のセリフをアドバイスしてもらいながら日直をこなしています。

　いるか組では、司会のセリフは特に決まっていませんが、いつ誰が司会者になったとしても、子どもたちは安定して自分たちだけで会を進行することができます。先生のサポートが必要なのは最初の数日間だけです。そこに、「3できメソッド」のしかけの効果があります。

　いるか組は、3歳児クラスの時から3できメソッドのメインツールの一つ「宣言ボード」を使用してきました。5歳児クラスの後半にさしかかった今では、「宣言ボード」がなくても全員が意見をもち、言葉で伝えられるまでに育っています。「おおきくなったね会」で何をやりたいか、担任が意見を募った際も、全員が次々に手を挙げて発言をし、ものの5分ほどで22名全員が意見を出し終わっていました。

本書の内容をよりスムーズに導入していただくために、三つの PDF をご用意しましたので、ご活用ください。

① 「おにぎり顔イラスト（ミニ版）」
　　（46 頁掲載）

② 「おにぎり顔イラスト」
　　◎「分かってできる」ためのアサーション
　　（48 頁掲載）

③ 「体温チェックボード」
　　（58 頁掲載）

＊これらの三つの PDF の使い方や本書に収載した「しかけ」についてのご質問は、LINE 公式からお送りください。LINE 公式にご登録いただくことで、①の「おにぎり顔イラスト（ミニ版）」の使い方を学べる無料 LINE 講座（9 日間）をお受け取りいただけます。以下の QR コードからお友達登録をお願いいたします。

LINE ID で検索：@kumikosan

先生を支えることで
一人でも多くの子どもを助けたい

　17年前、私はOLを辞めてプロ家庭教師や進学塾の講師のアルバイトをして生計を立てていました。自己流で工夫をしてきた指導方法を塾の上司に認められたり、プロ家庭教師として派遣会社のパンフレットに掲載されたことをきっかけに、「先生や保護者向けに本を出版して、もっとたくさんの子どもを助けたい」と考えるようになりました。でも当時の私の学歴はフランス文学部卒。文学部卒の人間が書いた教育本なんて誰も読まないのではないかと考え、教育学部への学士入学を決意しました。

　2年間教育学部でちょっと勉強するだけのつもりが、発達障害を知り、心理士という仕事を知り、研究の面白さを知り、気がつけば博士号を取得するまで、仕事と学生の二足の草鞋生活を15年間も続けていました。その15年の間に諸先輩方のお導きによって、論文執筆だけでなく、複数の大学での講師や学会の大会運営、発達障害白書の編集委員など様々な体験をさせていただき、さらに、心理士として現場で経験を積み重ねられたことは、私にとって貴重な財産となっています。

　こうした経験があったからこそ、現場で先生と子どもたちの関係を読み解き、「3できメソッド」を見つけることができたのだと思います。そして、さらに多くの方々のお力をお借りして、本書の出版にたどり着くことができ、17年越しの願いを叶えることができました。「3できメソッド」発見から出版までのプロセスの中で、本文中に書ききれなかったエピソードがいくつかあるので、ここでご紹介させてください。

ハワイで発見 ①
「3できメソッド」の再現性を高めるヒント

　「3できメソッド」を見つけて命名した段階では、私はまだ、どうすれば「3できメソッド」を誰でも同じように実践できる再現性の高いメソッドにできるのかが分からずにいました。ちょうどその頃、博士後期課程の学生だった私は、在籍していたお茶の水女子大学からいただいた研究費でハワイの幼稚園や小・中学校での特別支援教育を見学する機会を得ました。

　友人であるハワイ大学のLinda Oshita先生のコーディネートでホノルル市内にある

Ali'iolani Elementary School の Preschool（プリスクール：年中児クラス）を訪問したのですが、そこで「宣言ボード」が生まれるきっかけとなる、あるしかけと出会いました。

　保育室に入ると、壁に「今日のあなたの予定は？」と書かれたウォールポケットが掛かっていました。各ポケットには園庭の遊具の写真が1枚ずつ入っていました。そして、子どもたちの名前が書かれた顔写真が、遊具の写真の後ろや隣のあいているポケットに入っていました。子どもたちが、今日、自分はこれで遊ぶのだと、自分の顔写真をウォールポケットに入れて宣言していたのです。

　私はこのしかけがあれば、先生の個人の力量に頼ることなく子ども主体の「選んでできる」を、どこのクラスででも再現できると直感的に思いました。

ハワイで発見 ②
「3 できメソッド」が
徹底的に子ども主体であるためのヒント

　Preschool の保育室には、ほかにも同様にお当番を決めるウォールポケットがあり、子どもたちが自由にやりたいお当番を選べるようになっていました。誰も選ばないお当番があったらどうするのかと聞いてみたところ、それは仕方がないという返事でした。こういう場面では、大人がついつい「このお当番、誰かやってほしいなぁ」などと声をかけてしまうことがありますが、そういうことは特にしないそうです。とにかく、子どもたちの意見が尊重されていると感じました。

　さらに保育を見学しているとこんなことがありました。一人の男の子が通りすがりに棚のおもちゃを床に落としてしまいました。その子は一瞬気づかないふりをしてその場を立ち去ろうとしたのですが、先生がそっとそばに行き、優しく声をかけると、戻って落としたおもちゃを拾い始めました。普段から自分の意見を尊重してもらえている子どもたちは、先生の意見も尊重することができるのだなと感じた瞬間でした。

　実はその前日に訪問した Pearl Harbor Elementary School（小学校）の特別支援学級でも、先生が児童一人ひとりに、その授業時間内に行う課題の選択肢を二つずつ用意していて、取り組む課題を各自が選べるようになっていました。先生がやってほしいと思っている方の課題を選ばなかったらどうするのかと質問をしたところ、その選択肢は、また次の日に提示するだけとのことでした。ここでも、大人の考えは押し付けられずに、児童が選んだ内容が尊重されていました。

ハワイの子どもたちは、先生や世間一般の人が望ましいと考える答えを予測して選んで褒められる体験ではなく、自分で考えて選んだ内容が尊重されるという体験を幼少期から重ねていました。大人がやってほしいと思っていることを子どもたちに選ばせてしまえば、大人主体の保育を助長してしまうことになります。「3できメソッド」を実践する際には、子どもたちが選んだ内容を尊重することが大切であると、しっかりとお伝えしていかなければと思いました。

ハワイで発見 ③
インクルーシブ教育の実現に欠かせない
「Respect」という考え方

　Pearl Harbor Elementary School と、その後見学させていただいた Jarrett Middle School（中学校）の校内のあちこちに、「Respect Yourself・Respect Others・Respect our School」（自分を尊重しましょう・他者を思いやりましょう・学校を大切にしましょう）という掲示がありました。この三つの Respect に関する掲示は、アメリカの多くの学校で掲げられているものです。

　ハワイの場合は、さらにネイティブハワイアンの価値観を取り入れた Nā Hopena Aʻo Statements（ナ・ホペナ・アオ・ステートメント）という学びの指針が、ハワイ州教育省により示されています。この指針のなかにも「Respect」に関する項目があり、そこには「Respect」とは、他者に対する献身的で思いやりのある姿勢によって示されるものであると記されています。

　ハワイの就学前から中学校までの教育を見学した際に感じたのは、先生方が子どもたちに対して思いやりを持って一人ひとり丁寧に対応しているということでした。まずは、先生が子どもたちの意見を尊重し、その体験が積み重なることで、子どもたちの中に他者を尊重する気持ちが芽生えてくるのだということを改めて実感しました。

　日本では、子どもたちの個の意見を尊重することよりも、他者への気づかいや周囲に合わせて行動することの大切さを優先して教える傾向があります。他者への配慮はとても大切なことですが、それを最優先にしてしまうと、子どもたちは苦しくなってしまったときに言い出せずに我慢をするようになります。我慢の限界に達した子どもたちは、腹痛などの身体症状を訴えるようになったり、家から一歩も出られなくなることもあります。

　「3できメソッド」では、やりたくないとか苦手といったネガティブな意見であったと

しても、子どもたちが安心して自分の考えを大人に伝えることができることを大切にしたい、そのためには、どんな意見であっても、大人が子どもたちの考えを尊重できる園を実現していきたいと考えました。

ハワイで発見④
「3できメソッド」の実践に欠かせない
マインドの存在

Jarrett Middle School の数学の授業を見学した時、椅子の上にあぐらをかいて座っている生徒がいました。また、Linda 先生の大学でのオンライン授業で「おにぎり顔イラスト」について私が講義をさせていただいたときは、ベッドの上で寝転がってパソコン画面を見ている学生や、休憩時間にパソコンを持ったまま家の外に出る学生、飼い犬を膝の上にのせたまま授業に参加している学生など、画面の向こうの学生たちはとても自由でした。

Linda 先生にあぐらをかいたりベッドで寝そべったりして受講していることをどう考えているのかお聞きすると、一番学びやすい姿勢で参加しているからそれでいいとの回答でした。日本では、姿勢が崩れるというだけで、気になる子だとか、小学校に行ってからちゃんと勉強ができるか心配な子と考えられてしまう傾向があります。姿勢や態度といった見た目よりも、思考していることを重視したならば、それだけで救われる子どもたちがいるのではないかと考えました。

以来、私は、子どもたちが先生の説明や状況を理解できているのか、思考することができているのか、自分が考えたアイデアをその通りに実現できているのか、徹底的に子どもの考えに寄り添うことを意識するようになりました。そして、このような大人の姿勢を「寄り添いマインド」と名付けました。

多くの先生は、「3できメソッド」を実践して、視覚化された子どもたちの思考に触れるうちに、寄り添いマインドが深まっていきます。でも、寄り添いマインドを抜きにして、「3できメソッド」のツールだけを使ってしまった場合は、大人の伝えたいこと、大人が子どもたちにやってほしいと思っていることだけの視覚化にとどまってしまいます。そうなると、先生主体の保育が強まってしまい、期待された子どもたちの変化は得られなくなります。

巡回相談では、寄り添いマインドが置き去りになっていないか、チェックをしながら保育の見直しを行っています。今後は、本書を手にしてくださった方にも、寄り添いマイン

ドを含めた「3できメソッド」のより深い実践を学んでいただけるように、セミナーなど
を開催していきたいと考えています。

先生方の実践によって完成した「3できメソッド」

　日本に帰国した後、「選んでできる」を取り入れるべきクラスには、園庭に出る前に子
どもたちが遊びを選べる仕組み（「宣言ボード」）を作ってみませんかと、提案するように
なりました。ほかにも、「スケジュールボード」や「順番待ちフープ」など、子どもたち
が見て自分で判断できるしかけを、クラスの実態に合わせてご提案していきました。する
と、2度目の訪問の際に「前回教えていただいた〇〇ボードをやってみました」などと、
ご報告いただけることが増えていきました。

　先生方が作った「宣言ボード」や子どもたちのために並べたフープの写真を撮らせてい
ただき、他園でお見せすると、「3できメソッド」のツールは瞬く間に広まっていきました。
その後は、先生方のアイデアがどんどん膨らんで、「できたねボード」や「体温ボード」、「予
約ボード」など、新しいしかけや各ボードのアレンジバージョンを、先生方が生み出して
くださいました。

　また、「他園もこんなふうに真似して作っていますよ」「こんなふうにアレンジした園が
ありますよ」と、最初に作った園の先生方に写真でお見せすると、先生方はとても喜んで
くださいました。こうして私が伝え広めていくことが、先生方の自信と元気につながり、
安定した子ども主体の保育の実現に結びつくのではないかと考えました。

　そこで、先生方の素敵な取り組みを、「3できメソッド」の本を出版してご紹介できた
らと思い、実践してくださっている園の園長先生にご相談しつつ、本書に掲載する内容を
固めていきました。「3できメソッド」を見つけて命名したとはいえ、実際に実践してく
ださったのは、私自身ではなくすべて事例提供園の先生方です。本書を完成させることが
できたのは、各園の園長先生と、実践してくださった担任の先生方のご協力、ご尽力あっ
てのことと、心より感謝しております。

本書を手にしてくださったあなたへ

　本書では、「3できメソッド」の理論と実践するためのツールや実践事例をご紹介して
きました。本書を読み終えて、「明日から実践してみたい！」とワクワクされているでしょ

うか。「あの場面に使えそうだ」といったアイデアが浮かんでいるでしょうか。

　「3できメソッド」を実践すると、大人同士の連携も深まっていきます。子どもたちに視覚的に示している情報が、そのクラスに入ってくださる様々な先生方にも役に立つからです。また、子どもたちが「宣言ボード」の前で悩んだり、一度決めた意見を、ボード全体を見渡して変えたりする姿は、きっと多くの先生方の心を魅了するはずです。事前にチームの先生方の協力を得ることが難しい場合であっても、まずはツールを作って、子どもたちが使っているところを見ていただくことで、その良さを理解していただけるのではと思います。

　また、私は「3できメソッド」を小・中学校でもご紹介しています。実際に校内研究として取り組んでくださっている学校もあります。幼保小中連携がうまくいかず、悩んでいる自治体も多いとお聞きします。「3できメソッド」をご活用いただくことで、遊びと机上の学習といった活動の違いを気にせずに連携していただくことが可能になります。ぜひご活用下さい。

　「3できメソッド」は、実践した内容と子どもたちの変化をシェアしあうことで今も進化をし続けています。まずは、あまり難しく考えずに、気になったツールから使ってみてください。そして、保育が楽しくなってきたとか、この本いいなと思ったら、ぜひ、お知り合いの方に紹介したり、レビューを書いたりしていただけたら嬉しいです。

　最後に、本書の出版に当たっては、本当にたくさんの方にお力をお貸しいただきました。皆様、本当にどうもありがとうございました。特に事例を提供してくださった園の先生方、出版の機会をくださった三上直樹様をはじめとする学事出版株式会社の皆さま、原稿作りを伴走してくださった池田正孝様（出版・編集工房 池田企画）、そして本書を手にしてくださった読者の皆さまには、改めて心より感謝申し上げます。

2023 年 5 月

松本くみ子

参考資料
Nā Hopena A'o Statements（ナ・ホペナ・アオ・ステートメント）
https://www.hawaiipublicschools.org/DOE Forms/NaHopenaAoE3.pdf

事例提供園について

　本書に紹介させていただいた事例は、すべて私が巡回相談員として出会った園から提供されたものです。いずれの園も何度か訪問させていただく間に、「3 できメソッド」の効果を積極的にフィードバックしてくださいました。ありがとうございました。

　一般的に、巡回相談員の仕事は、効果測定が難しい仕事です。自分の助言がどの程度お役に立てたのか、そのなかで何か実践につながったことはあったのか、それともあまり納得のいく内容ではなかったのか、など、その効果を伝えていただける機会がとても少ないのです。

　「3 できメソッド」の場合は、ツールを作成していただくので、保育室に入っただけで、実践してくださっていることが分かります。実物を前にすることになるので、私からも「子どもたちの反応はどうでしたか？」と聞きやすいのです。

　お忙しい中、ツールの作成から子どもたちへの実践、さらにはアレンジまでアイデアいっぱいに取り組んでくださった各園の先生方に改めて感謝申し上げます。

「事例を提供してくださった園・一覧」

杉並区立

今川保育園

下高井戸子供園

成田西子供園

堀ノ内子供園

練馬区立

北大泉保育園

北町第二保育園

桜台保育園

土支田保育園

貫井保育園

西大泉保育園

上石神井第二保育園（社会福祉法人 敬愛会）

北町保育園（社会福祉法人 陽光会）

桜台第二保育園（社会福祉法人 陽光会）

豊玉第二保育園（社会福祉法人 のゆり会）

貫井第二保育園（社会福祉法人 上宮会）

光が丘第十保育園（社会福祉法人 未来こどもランド）

氷川台保育園（社会福祉法人 誠高会）

南大泉保育園（社会福祉法人 国立保育会）

スリーエイブル教育スタイル研究所・株式会社あくとえいとについて

　「3できメソッド」を発見してから、スリーエイブル教育スタイル研究所として活動を続けてきました。勘の良い方はお気づきかもしれませんが、「スリーエイブル」は、「三つのできる」を英語風にアレンジしたものです。研究所では、教育委員会や公立園・学校等からの講師依頼に基づき、園や学校等を訪問してコンサルテーションを行っています。

　また、2022(令和四)年からは、株式会社あくとえいとを設立して、園や学校との年間契約でのコンサルテーションの実施やおにぎり顔イラストを使ったグッズや教材の開発、販売を行っています。

本書をご購入いただいた方に、以下の特典をご用意しました。

1.「3できメソッド」×「寄り添いマインド」を学べる無料メルマガ（7日間）
　右のQRコードから特設ページにアクセスしてご登録下さい。
パスワードは「3deki2023」です。

https://www.act8.tokyo/benefits

2.「おにぎり顔イラスト（ミニ版）」(46頁掲載)の使い方を学べる無料LINE講座（7日間）
　右のQRコードからLINE公式にご登録いただくことでお受け取りいただけます。LINE公式では、「3できメソッド」に関する最新情報や無料セミナーのご案内などを中心にお届けしています。

LINE IDで検索：@kumikosan

3.「3できメソッド」実践事例の弊社ホームページへの掲載
　本書を参考に「3できメソッド」を実践してくださった皆様からのご報告をお待ちしております。ご報告いただいた内容は、大切に読ませていただき、必要な場合はアドバイスをさせていただきます。また、同意をいただけた場合は、「3できメソッド」の実践事例として、弊社ホームページでご紹介させていただきます。
１）報告書の内容：
・園名：
・代表者氏名（役職）：
・代表者メールアドレス：
① 使用したツール（ツール名が不明である場合は本書の該当ページ）
② 実践したクラス（例：3歳児クラス）
③ 方法：どのような場面でどのように活用しているか(可能な範囲で写真を添付)
④ 結果：子どもたちの反応はどうであったか
⑤ 考察：実践のまとめ
実践報告書のテンプレートは以下のQRコードからダウンロードできます。
２）報告書の提出先：contact@act8.tokyo

【著者紹介】

松本 くみ子（まつもと・くみこ）
株式会社 あくとえいと 代表取締役
スリーエイブル教育スタイル研究所　所長
公認心理師／学校心理士／ガイダンスカウンセラー／認定心理士

　青山学院大学卒業後、OL 生活を経てプロ家庭教師・塾講師となるも，専門性を高めることでより多くの子どもと先生を助けたいとの思いから，早稲田大学教育学部に学士入学する。卒業後は早稲田大学大学院修士課程に進学して心理士資格を取得，学校現場で臨床経験を重ねる。

　修士課程修了後はお茶の水女子大学大学院博士後期課程にて小・中学校の特別支援教育に関する校内支援体制の充実をテーマに研究を進め，2021 年に博士号（社会科学博士）を取得。

　現在は，大学非常勤講師や巡回相談員として 0 歳から 22 歳までの教育に携わっている。

企画協力
株式会社　J ディスカヴァー

できた！楽しい！もっと！
「３できメソッド」で子ども＆先生が輝く保育のしかけ

2023 年 6 月 30 日　初版第 1 刷発行

著者　　　松本 くみ子
発行者　　安部英行
発行所　　学事出版株式会社
　　　　　〒 101-0051　東京都千代田区神田神保町 1-2-5
　　　　　電話 03-3518-9655
　　　　　HP アドレス　https：www.gakuji.co.jp

企画　　　三上直樹
編集協力　出版・編集工房　池田企画
イラスト　あべ まれこ
印刷・製本　研友社印刷株式会社

978-4-7619-2935-0　C3037